那些
被神遺忘的
古墓寶藏

培育
文化　　益智館 27

那些被神遺忘的古墓寶藏

編著　　吳柏勳
責任編輯　陳文政
內文排版　王國卿
封面設計　林鈺恆

出版者　培育文化事業有限公司
信箱　　yungjiuh@ms45.hinet.net
地址　新北市汐止區大同路3段194號9樓之1
電話　　（02）8647-3663
傳真　　（02）8674-3660
劃撥帳號　18669219
CVS代理　美璟文化有限公司
TEL／(02)27239968
FAX／(02)27239668

總經銷：永續圖書有限公司

永續圖書線上購物網
www.foreverbooks.com.tw

法律顧問　方圓法律事務所　涂成樞律師
出版日期　2019年01月

國家圖書館出版品預行編目資料

那些被神遺忘的古墓寶藏 / 吳柏勳編著.
-- 初版. -- 新北市：培育文化，民108.01
　　面；　公分. -- (益智館；27)
　　ISBN 978-986-96976-5-1 (平裝)
　　1.古墓　2.考古學
798.82　　　　　　　　　　　107020203

序言

　　提到黃金白銀，人們的腦海裡就會情不自禁地閃現出耀眼的光芒，它永遠是財富和權力的象徵，它對人類的誘惑永遠不會消失。

　　在世界各地，每天都有人做著冒險的嘗試。他們穿過森林走進沙漠，越過險灘潛入海底，鑽進洞穴爬上懸崖，他們要找到這些遺失的寶藏，成為它們的主人。

　　在成龍電影《飛鷹計劃》裡，講了一個埋藏在沙漠中的寶庫，裡面有堆積如山的黃金珠寶。電影中的奪寶故事是虛構的，但寶庫卻是真實的存在。專家們斷言，世界上有六分之一的寶藏被埋在地下，有八分之一的寶藏沉沒在海底。在海水下面埋藏著連阿里巴巴在夢裡也未曾見過的財寶。

　　這些寶藏原來的主人是誰？它們到底埋藏在什麼地方？

　　財富永遠都屬於達官貴人，他們透過權力和金錢可以得到世上所有的寶物。打開任何一座皇室貴族的陵墓，都是一座歷史博物館。

　　閉上眼睛想像一下，哪怕我們得到慈禧太后眾多陪葬寶物中最小的一件，後半生都衣食無憂了。難怪那些冒險家拿著鐵鍬鏟子到處亂刨，冒著生命危險在深海底亂摸呢！因為還有很多皇室陵墓等待著人類去挖掘，例如成吉思汗的陵墓位置至今仍是一個謎團，沒有人能找到它。蒙古歷史學家認為：成吉思汗陵墓裡埋藏的奇珍異寶，絕不遜色圖坦卡門國王陵墓裡出土的寶物，陵墓裡的工藝品甚至會比秦始皇陵墓出土的兵馬俑還要壯麗。

　　這些寶藏不會說話，時間也不會倒流，我們永遠無法回到過去瞭解歷史。在歷史的長河中，有著太多的謎團，遺留著許多不可思議的寶藏祕密。

　　這本書裡的每一篇寶藏故事，都具有濃重的神祕色彩，有埃及法老圖坦卡門帶著咒語的陵墓寶藏，有神祕消失的樓蘭古國寶藏……。這些聰明的藏寶人用盡心思把他們的財寶隱藏起來，製造出眾多的藏寶祕密，後人為了尋找這些寶藏，不惜付出生命的代價。

　　藏寶故事撲朔迷離，尋寶故事懸疑緊張，不管把這本書翻到任何一頁，都會讀到一段離奇的寶藏故事。

PART 1 古墓寶藏之謎

那些
被神遺忘的
古墓寶藏

P
A
R
T **2** *古城寶藏之謎*

Part
1

古墓寶藏之謎

01 亞歷山大陵墓寶藏

1964年的一天，埃及亞歷山大市的報紙發表了一則聳人聽聞的消息：「馬其頓國王亞歷山大的陵墓找到了！」消息很快傳遍了全世界。各國記者也爭先恐後地飛抵埃及。同時，大批旅遊者的湧進使得埃及警方處於戒備狀態。

可惜，消息是假的。原來，發現的並不是亞歷山大的陵墓，而是古羅馬時期的一座劇院的遺址。

亞歷山大是一位赫赫有名的英雄，同時也是一位神祕人物，有關他的傳說數不勝數。

亞歷山大大帝是古代馬其頓國王腓力二世的兒子。他於公元前336年即位後，大舉侵略東方。用了十多年的時間，就建立起版圖廣闊的亞歷山大帝國。

令人感到遺憾的是，這樣一位偉大的英雄，他生前的一些歷史記載卻沒有流傳下來，而後來的一些傳抄本及書籍又眾說紛紜，矛盾重重，而且帶有濃厚的傳奇色彩。因此，在他死後二千三百多年的今天，這位古代偉大統帥的業績仍令人們十分關注。人們迫切希望發現這位不可一世的帝王的陵墓。以求從出土文物中獲得一些有價值的歷史證據。

這位著名歷史人物的陵墓究竟建在什麼地方？

亞歷山大當了十二年又八個月的國王，死時才32歲。關於亞歷山大的死因一直有兩種說法。第一種說法是亞歷山大可能是由於行軍路上過於艱辛，多次作戰，遍體傷痕，在沼澤地裡又感染上了瘧疾等原因造成的。第二種說法是有人在亞歷山大的酒杯裡下了毒。如果這種說法是真的，那麼亞歷山大就不是自然死亡，而是死於陰謀。

亞歷山大死後，他的部下後來成為埃及王的托勒密將軍，用靈車把他的遺體運往埃及，安葬在亞歷山大城，並為他建造了一座富麗堂皇的陵墓。

凱撒大帝、奧古斯丁皇帝、卡拉卡爾皇帝等歷史上的著名人物都曾到此陵墓朝拜過，還在亞歷山大的塑像頭上加上一頂金冠。可是到了公元3世紀，有關陵墓之

事，不知為什麼無聲無息了。

後來阿拉伯大軍攻佔亞歷山大城，這裡的輝煌歷史古蹟使他們感歎不已。當法蘭西拿破崙的軍隊進入亞歷山大城時，這裡已呈衰落景象，城中只有六千居民。跟隨拿破崙的一些學者還看見不少古建築遺址的廢墟。

19世紀初，這裡開始修建海港，古老的建築遺址成了採石場，有許多遺蹟被深埋地下。亞歷山大城很快成為地中海上一個重要的貿易中心，可歷史古蹟卻蕩然無存了。

考古學家對亞歷山大陵墓做出過種種推測，其中英國考古學家維斯的猜測最有可能接近真相。維斯認為亞歷山大陵墓應該與托勒密王朝的陵墓相似。他想像亞歷山大的棺木是安放在一座宏偉的廟宇裡，周圍是一些圓柱。墓裡一定有許多稀奇精美之物。墓內還可能保存著從埃及各處廟宇送來的經書。

20世紀70年代，一個驚人的發現大致上證實了這些猜想。專門研究古代馬其頓歷史的考古學家安得羅尼克斯發現了亞歷山大的父親——腓力二世的陵墓。陵墓大殿中央停放著高大的大理石石槨，上面設有鑲著寶石的、沉重的金質瓶狀墓飾。國王的遺骨就在其中，周圍是一些珠寶金器。三權標誌、戰盔等物閃耀著璀璨的光

芒。

　　其中有五個用象牙雕刻的雕像，製作得相當精美，特別引人注目。這五個雕像是國王的一家：腓力二世本人、他的妻子、他的兒子亞歷山大和腓力二世的父母。這個發現在考古界引起了轟動，被認為是20世紀考古中最偉大的發現。

　　驚喜之餘，人們不禁想問：腓力二世國王的陵墓都能找到，難道他兒子的陵墓就不能找到嗎？可是亞歷山大陵墓的確神祕莫測，一直沒有任何線索。人們期待著盡快解開這個陵墓之謎。

　　這位著名歷史人物的陵墓究竟建在什麼地方？

　　亞歷山大陵墓裡究竟會多少稀奇精美之物，墓內可能保存著從埃及各處廟宇送來的經書嗎？

02 圖坦卡門陵墓寶藏

在埃及利比亞沙漠的一個山崖間，有幾十座神奇的地下墓地。這些陵墓建造得十分巧妙，墓穴的入口完全是隱蔽的，人們很難發現它。

許多考古學家想敲開地下宮殿的大門，但都沒有實現。有個叫卡特的英國考古學家帶著助手們不停地勘察，也一無所獲。卡特下令在工人搭有棚屋的地段動土挖掘。

在清理了大量的沙石以後，十六級寬大的石階展現在人們眼前，盡頭是嚴密封印的墓門。石梯鑿在岩石上，通向一個以一堵牆封住的門。石膏牆面上，蓋著基地守衛者和一個鮮為人知的法老的印章，一切完好無損。

卡特立刻停止挖掘工程，封閉墓穴入口，給英國的

工作夥伴卡納馮發了封電報，讓他馬上來埃及。卡納馮收到電報，決定立即趕往埃及。這時，一位預言家趕來勸告他此次埃及之行非常危險，卡納馮的心裡也有一種不祥的預感，但他還是帶著女兒起程了。

兩星期後，卡納馮和女兒來到挖掘現場，工作人員用兩天的時間，重新把石門清理出來。他們走近墓門仔細審視，門的下面蓋著圖坦卡門法老的金印，現在他們可以肯定，這扇門後面很有可能是圖坦卡門法老的陵墓。他們還發現門的下面有過修補痕跡，顯然門被毀壞過，法老的陵墓是不是已經被盜過了？

卡納馮和卡特小心翼翼地打開墓門，門裡是一條斜坡狀通道，通道盡頭是一扇門，用一堵牆封住，同樣蓋著圖坦卡門法老的印章。這扇門也被修補過，所有的人都很緊張，裡面會不會是間空室？

碎石被清理走了，卡特用顫抖的雙手，搬開第二扇門口的幾塊石頭，從窟窿裡伸進一支蠟燭。起初墓穴裡的熱氣使燭光搖曳，隨後，顯現了一些奇特的動物形象和雕像，三張金漆的臥榻、四周雕成怪獸形狀；兩尊跟真人一樣大小的法老雕像，面對面站著；周圍還有數不清的花瓶、神器、床架、靠椅、箱籠、寶座，到處金光閃爍，卡特被眼前的景象嚇呆了。

　　但是這間墓室沒有棺材，有可能只是一間藏寶室。第二天，電線接通，墓室裡燈火通明，他們發現了兩尊立像中間的石門，原來這間墓室只是前廳。在門的底部也有被重新堵塞的痕跡。

　　接著，他們在一張臥榻後面的牆上發現一道封閉的石門，門上有一個不規則的小洞，顯然也是盜墓者留下的，不過沒有重新封上。拉過電燈照進去，裡面也是一間墓室，比前廳略小，卡特花了三個小時卸下石門，卡納馮和女兒伊夫琳走了進來，後面是卡特的助手卡倫德。

　　令人吃驚的是這裡的牆上還有一道矮門。

　　他們走了進去，發現這間墓室比前面幾間都小，卻陳列著最珍貴的物品：一座精美無比的立碑，一隻形狀像神龕的包金箱子，美得難以形容。箱蓋上刻著九條眼鏡蛇，周圍是四位女神，張開雙臂站著，守護著這個「神龕」。

　　房間的另一面也擺著許多黑色的神龕和箱子，除一只開著之外，其餘都關著。在開著的神龕裡有幾尊站在黑豹背上的圖坦卡門立像，房間中間還有幾隻嵌著象牙的木箱。這是一座未被盜過的完整的陵墓。

　　卡特終於找到了公元前4世紀圖坦卡門法老的陵墓。

　　為了找到圖坦卡門法老的陵墓，卡特花了五年時間

查看了大面積的山地，運走了不計其數的山石，資金即將耗盡，挖掘的許可證也即將到期，但仍一無所獲。就在他們將要絕望的時候，卡特請來協助他的李德博士在法老哈里姆哈伯的墓室附近，發現了刻有圖坦卡門及其皇后姓名的陶器，這個發現，為找到圖坦卡門陵墓提供了主要線索，他們最終找到了圖坦卡門法老的陵墓和巨大的寶藏。

挖掘工作剛剛開始，埃及政府與卡納馮爵士之間發生了爭執，在等待問題解決的日子裡，卡納馮突然神祕死亡，這只是一連串厄運的開始。

卡納馮死去後不久，卡特得到埃及政府的許可，開始拆卸神龕。卡特揭開花崗岩的棺蓋，第一眼看見的是麻布的屍衣，揭開一層又一層的麻布後發現是一只精美無比的棺材。棺材的外形酷似法老本人，全部用黃金製成，除了手和腳被塑成富有立體感的樣子外，其餘部分採用浮雕。

圖坦卡門雙手交叉放在胸前，手裡握著權杖。法老的臉是用金片塑成的，眼珠用的是白石和黑耀石，眉毛和眼圈用的是透明的藍玉，前額鑲嵌著埃及的圖徽：眼鏡蛇和兀鷹。套在這兩樣東西上的是一只小小的花環，枯萎的花兒仍然保持著原來的顏色。

　　棺內又有內棺，內棺也是人形的雕像。揭開這層棺蓋，裡面是一個純金的棺材。揭開最後一層棺蓋，裡面才是法老的木乃伊。

　　令人遺憾的是，資助這次挖掘的卡納馮未能親眼目睹這一切，但是從他開始，參與陵墓挖掘的人卻相繼神祕死亡，人數有五十多個，人們把這一連串的死亡之謎稱為「圖坦卡門的咒語」。

　　古老相傳，在古代埃及，法老是神的代表，他發佈的咒語，具有神奇的魔力。「圖坦卡門的咒語」有一條就刻在墓室外面一塊不易被人看見的陶瓷碑上，是象形文字，內容是：「誰擾亂了這位法老的安寧，死神將展翅在他頭上降臨」。還有一條繪在主墓室裡一尊神像背面，內容是：「我是圖坦卡門陵墓的保衛者，是我用沙漠之火驅趕那些盜墓賊。」

　　令人不安的是，「圖坦卡門的咒語」似乎從遠古中復活，開始懲罰那些打擾冒犯陵墓的人。

　　第一位犧牲者是卡納馮，他在一次全開羅停電事故中死去，距離圖坦卡門的陵墓挖掘不到二十個星期。死因是臉頰上的一個腫塊。當卡納馮進入圖坦卡門陵墓的入口時，突然被什麼東西叮蜇了一下，頓時左邊臉頰上出現一陣難熬的疼痛，而且沒有消腫的跡象。幾天後，

卡納馮小心翼翼地刮臉，特別當心避開那個腫塊，不料手中的刮鬍刀卻不聽使喚，一失手切進了腫塊。正是這個微不足道的創傷導致他得了敗血病。

卡納馮高燒四十多度，住進開羅一家醫院。他渾身顫抖，多數時間昏迷不醒，偶爾醒過來時便發出驚呼聲，不停地呼喚圖坦卡門國王的名字，請求國王饒恕他，他的面目表情似乎在忍受著巨大的痛苦。

一天凌晨，值班護士突然聽見卡納馮大聲叫喊道：「我完了！我完了！我已經聽見召喚了！」還沒等護士趕到他身邊，醫院裡突然停電了，變得漆黑一團。五分鐘之後，當電燈亮起來時，人們奔到卡納馮的床前，只見他極其恐怖地瞪大眼睛，半張著嘴，已經斷氣了。之後，電力公司對這次開羅城突然停電又來電的詭異事故，無法做出合理的解釋。

在停電的五分鐘內，卡納馮的病房裡發生了什麼事？卡納馮臨死前看見了什麼東西？沒有留下任何痕跡。奇怪的是，當後來用X光檢查圖坦卡門木乃伊時，發現在他的左臉頰上也有一個傷痕，形狀、大小和部位都和卡納馮被某種東西叮蜇的腫塊一模一樣。

卡納馮之死，不過是一連串死亡事件的開始。神祕的死亡一個接一個，從開羅到倫敦，第二位，第三位，

大小報刊競相報導這一件件神祕的死亡事件。被「法老的死神翅膀」掠過的人數迅速增加。

卡納馮死後不過六個月，他的同父異母弟弟奧布里·赫巴德上校也患了精神分裂症，繼而自殺身亡。據說，在這以前從未發現上校患有這種病。

不久，在開羅那家醫院裡護理過卡納馮的護士也突然不明不白地死去。

被卡特請來幫忙的美國考古學家梅西，莫名其妙的昏迷不醒，死於卡納馮住過的旅館。

由卡特陪同參觀圖坦卡門墓的一位名叫戈德的美國人，參觀完畢次日便發高燒，傍晚就死了，檢查不出任何病因。另一位叫烏爾的英國實業家參觀陵墓後，乘船回國途中，也死於高燒。

南非一個富豪參觀圖坦卡門陵墓挖掘現場後，從遊艇跌落進風平浪靜的尼羅河中淹死。

第一個解開圖坦卡門裹屍布，並給屍體做X光透視的亞齊伯爾特·理德教授，在拍了幾張照片之後，突發高燒，身體變得極度虛弱，不得不回到倫敦醫治，不久便一命嗚呼。

三年之後，卡特在挖掘圖坦卡門陵墓時的得力助手，52歲的亞博·麥斯不幸去世。接著卡特的另一個助

手理查・范爾猝然死亡，年僅45歲。

此外，親手接觸過圖坦卡門黃金面具的道格拉斯、李德博士，以及參加過挖掘、調查的學者和專家，在很短的時間內陸續神祕死亡。

最奇怪的是，1929年的一天清晨，卡納馮的遺孀伊麗莎白夫人長辭人世。據報導，她也是被蟲子叮蜇而死的，叮蜇的部位也在左臉頰，與6年前死去的丈夫一模一樣。

卡特倖免於難，活到65歲，平靜地辭世，但死神的陰影卻降臨在他家屬的頭上。據說，這種復仇比直接讓他去死更可怕。

圖坦卡門對卡特的詛咒更為殘酷。卡特的女兒伊夫琳曾與父親一起踏進圖坦卡門陵墓，從此得了憂鬱症。卡特眼看著愛女鬱悶憂愁，他肝腸寸斷卻一籌莫展，其內心的痛苦可想而知。

懷特在卡特死後不久留下一封謎一般的遺書：「我再也無法忍受詛咒了。」隨後上吊身亡。這種死法在西方國家是異常罕見的，因此引起了軒然大波。

根據不完全統計，至少有22個直接或間接與挖掘圖坦卡門陵墓有關的人先後逝世，其中13人曾參與挖掘工作。以後，至少有35名學者、專家成了圖坦卡門咒語的

犧牲品。

四十多年平安過去了。有一天，突然發生了一起新的死亡事件。這次被圖坦卡門的咒語詛咒的是一個埃及人。

一天，開羅博物館館長加麥爾·梅茲菲博士坐在開羅一家旅館的游泳池旁，與一個名叫菲利普·范登堡的德國作家談起法老的咒語。

梅茲菲說：「生活中常有些奇怪的現象，至今仍找不到解釋。」

范登堡問：「那麼說來，你是不是相信法老的咒語了？」

梅茲菲沉吟片刻，說道：「如果把這些神祕的死亡事件統統放在一起，很可能會對咒語的事深信不疑，尤其是在古埃及的典籍中，類似這樣的咒語可以說是俯拾即是。」他苦笑了一下，接著說，「我不信這個邪。我一輩子與法老的陵墓和木乃伊打交道，你看，我不是活得好好的嗎？」誰知，一個星期之內，52歲的梅茲菲莫名其妙地死去了。

據說，收藏在開羅博物館地下室裡的圖坦卡門的木乃伊和陪葬品仍然在顯靈，死神的陰影還在蔓延。一位作家打算撰寫一部有關圖坦卡門咒語的小說，剛開始動

筆就突然莫名其妙地死去。

有人試圖將關於圖坦卡門咒語的傳奇搬上銀幕，也發生了意外的可怕事件，嚇得女主角拒演、導演逃走。

法老的咒語究竟是什麼？果真會「顯靈」嗎？謎底在哪裡？

在古埃及的典籍裡，法老咒語「顯靈」的記載比比皆是，而它之所以神祕，是因為在一些死亡事件上往往籠罩著令人毛骨悚然的恐怖氣氛。對此，科學家、學者眾說紛紜。其中有幾種猜測似乎比較合理。

生物系教授阿扎丁·塔哈認為，那些考古學家和工作人員，是在陵墓中感染細菌得病去世的。

聯邦德國哥廷根的研究人員，在電子顯微鏡下發現一種殺人真菌。他們認為墓室被打開後，墓穴裡的真菌粘在考古學者和工作人員這些挖墓人的身上，透過人的器官侵入，引起一種致命的病症。

科學家們認為陵墓本身或是陵墓附近有放射性物質的存在，比如說鈾礦。埃及中部發現的含鈾礦石也可以證明這種說法。或是法老陪葬的物品有放射性的物品，含有一種現代人未知的能量，置人於死地。

儘管存在著各式各樣的說法，但是最終都未能揭開

「法老咒語」的真正祕密。我們的科學還沒有達到能揭開「法老咒語」的真正祕密的程度，那麼古埃及的年代，國王們又是如何知道咒語的祕密，並用它們來保護自己的陵墓中的寶藏呢？

03 成吉思汗陵墓寶藏

一支由美國和蒙古組成的探險隊在蒙古共和國首都烏蘭巴托，靠近俄羅斯邊境的一處偏遠樹林裡，發現了一座由60個墳墓組成的大型墓群，其中有二十座沒有被盜過的古蒙古上層社會的墳墓。這座巨大而神祕的墓群距離成吉思汗出生和封汗的地方不遠，其中很有可能包括元太祖成吉思汗的陵墓。

13世紀，元太祖成吉思汗叱吒天下，是人類歷史上最著名的征服者，但他無法征服死亡。成吉思汗死後被神祕下葬，更沒有人知道陵墓裡有多少稀世珍寶。

成吉思汗原名鐵木真，他13歲繼承繼父位，成為部族首領，1204年滅乃蠻部，統一大漠，兩年後在斡難河源被各部推舉為「成吉思汗」，建立蒙古國。

統一蒙古以後，他開始積極發動戰爭，先後向西夏和金國進攻。以致後來的元朝橫跨歐亞大陸，成為當時最強大的封建帝國。

成吉思汗在返回蒙古後不久，在進攻西夏途中意外墜馬身亡，蒙古統治者為了防止盜墓者打擾成吉思汗的安息，將成吉思汗的屍體祕密下葬。

傳說有2500名工匠為他打造陵墓，墓修成之後，400名士兵把所有的工匠帶到一個祕密地點集體殺死，隨後這400名士兵也被全部處死。成吉思汗陵墓安葬之地成了永遠的祕密。

為了保住這一祕密，在元人文獻中不記載帝陵位置、陵號，而是統稱為起輦谷。所以元朝沒有留下任何有關成吉思汗陵墓的文字記載。為了不讓外人找到成吉思汗陵墓的具體位置，成吉思汗手下的將軍還修建了很多假的成吉思汗陵墓，成吉思汗下葬後，將真正陵墓上的土堆踏實踩平，再移植上茂盛的牧草，與周圍草地毫無差別。

參加成吉思汗葬禮的2000餘人被800名蒙古勇士全部屠殺，而這800名蒙古勇士隨後也被全部殺害。這之後，再也沒人知道成吉思汗陵墓的祕密。

成吉思汗陵墓吸引著世界無數考古學家，各個國家

的考古學家都嘗試著尋找這座神祕的陵墓，但是最終都以失敗而告終。

2000年，美國探險家穆里·克拉維茲向外界宣佈了探險計劃，其傳奇性和可操作性立即引起了一些投資者的濃厚興趣，幾位實力雄厚又值得信賴的私人投資者，募集了120萬美元的探險經費。投資者只有一個要求：在三年內找到成吉思汗的陵墓和陵墓裡埋藏的寶物！

為了尋找到成吉思汗陵墓，克拉維茲做了充分的準備，他收集了六百多本與成吉思汗和元朝有關的書籍，又在蒙古生活了六年，幾乎花盡自己的幾千萬積蓄。

費盡心思的克拉維茲能否如願以償找到八百年前的成吉思汗陵墓呢？

克拉維茲帶領著探險隊來到蒙古，把考察的範圍縮小到兩個地點。

第一個地點是傳說中埋葬成吉思汗的一座大山，可是考古小組在這座大山裡什麼也沒發現。很快他就來到第二個地點，考古小組在這一地區發現了一百五十座不同時期的古墓，但最後證明都不是成吉思汗陵墓。

後來，他們在探險途中偶然認識了一位60多歲的牧羊人。牧羊人說他受父母之命，一直在看護一堵石牆。他的父親告訴他，石牆裡面埋葬著一位重要人物。

在牧羊人的指點下，考古學家克拉維茲找到了那堵石牆。在石牆裡面，他意外地發現了六十座墳墓，他相信這個龐大的墓葬群裡一定埋藏著數不盡的歷史文物。

這座龐大的神祕墓葬群，一面靠山，其他三面被又長又高的石牆環繞著，其間沒有斷口。在圍牆內部有上下兩層墓區，上層墓區有二十座未被破壞的陵墓，從墳墓的建造工藝和大小判斷，應該是元朝貴族的陵墓，下層墓區有四十座墳墓，也都完好無損，規格比上層的二十座墓稍低一些，但也十分考究，絕不是尋常百姓的墳墓。上層墓區和下層墓區之間有一條隱約可見的古道連接。

從初步勘探的情況來看，較大陵墓低窪的地帶有四十多個大小不一的蒙古貴族墓葬群，有一條古道從大陵墓通往四周的小陵墓。墓地表面發現的一些陶瓷碎片上刻著日期，專家根據歷史資料推斷，這可能是成吉思汗的誕生日期，當地的民眾將這個神祕的墓葬群稱為「成吉思汗城堡」。

在這座墓群裡是否安葬著成吉思汗呢？只要挖掘開陵墓馬上就可以知道結果了。就在克拉維茲多年的心願馬上要實現的時候，他遇上了一個難題。

蒙古人信仰宗教，蒙古人告誡克拉維茲，如果他們

膽敢把鏟子鏟到地上，那他們誰也別想活著走出蒙古。

克拉維茲面對著充滿希望的陵墓，陷入了絕境，他一邊與蒙古政府周旋，一邊想辦法確定成吉思汗陵墓的具體位置。

這座龐大的神祕墓葬群裡真的有成吉思汗的陵墓嗎？

陵墓裡會不會像蒙古歷史學家預言的那樣：成吉思汗陵墓裡埋藏的奇珍異寶，絕不遜色圖坦卡門國王陵墓裡出土的寶物，陵墓裡的工藝品甚至會比秦始皇陵墓出土的兵馬俑還要壯麗？

這一系列問題的答案只是人們的猜想，直到陵墓打開的那一天，所有的問題才會有一個準確的答案。

04 塞提一世陵墓寶藏

聯邦德國的埃連布赫特在埃及朋友阿里的陪同下，帶領一個電視採訪小組，參觀了塞提一世的陵墓。

阿里在墓室裡仔仔細細看了半天之後說：「塞提一世的寶藏就在這裡！這筆寶藏要比圖坦卡門的寶藏還要多！」在場的人員個個驚歎不已，在開羅博物館珍藏的十萬件收藏品中，大約七千件是圖坦卡門墓中的珍寶，塞提一世真有那麼多珍寶嗎？

塞提一世是埃及新王國時期十九王朝的第二代法老，他統治埃及二十七年。塞提一世即位後，為解除利比亞人和東克赫梯人幾個世紀以來對埃及東西兩面形成的威脅，親自率軍東征西討，成功消滅了敵軍。因此，

他把自己的統治時期稱為「復興時期」。由於這些原因，四方貢品源源不斷地送進埃及，獻給塞提一世。塞提一世因此成為了埃及歷史上最富有的國王。

在民間流傳著這樣一個故事：

塞提一世的財產多得無可比擬，根本數不出來。國內強盜又很多，他擔心財寶放在宮裡不安全，就派人找來工匠，建造一所牢不可破的庫房。

工匠把屋子造得既美觀又堅固。但是國王的財寶，讓工匠心動不已，於是他在臨街的那堵牆上做了些手腳，大理石牆上有一塊石頭沒有砌死，屋裡還有幾塊石頭也能挪動，這樣他可以在夜裡出入國王的寶庫，他把這些機關設置得天衣無縫。

後來不知為什麼，工匠改變了主意，一直都沒去過國王的寶庫。他臨死之前，把寶庫的祕密入口告訴了兩個兒子。他們按照父親的說法，果然找到了那塊可以來回挪動的石頭，順利地潛入塞提一世的寶庫，拿走很多枚金幣。

第二天，塞提一世照例來到寶庫，發現了桶裡的金幣少了很多，他大吃一驚，圍著金庫四下查看，根本找不到有人進來的痕跡，庫門是他親手上的鎖，打開時也沒有被損壞的痕跡。他想了很久也沒想出來金子是怎麼

不見的。

兄弟倆又先後兩次潛入寶庫，桶裡的金子不停地減少，塞提一世斷定肯定有盜賊進入過寶庫。他先找來一位手藝高明的工匠，命令他製作一個陷阱，塞提一世精心地把捕捉機安置在不易被發覺的金桶之間。

一天夜裡，兄弟倆又潛入寶庫。哥哥一腳踏進陷阱，弟弟急著解救，但是面對如此堅固的封鎖也是束手無策。

哥哥為了保住母親和弟弟的命，他要弟弟砍下自己的頭，把他的衣服剝光，全部帶走。

第二天塞提一世走進金庫，看到一具無頭男屍，為了弄清事實，塞提一世想出一個辦法，下令把屍體示眾，懸賞招認，來看的人不少，卻沒一個認出死者是誰。於是塞提一世又下了一道命令，在臨街的草地上，豎起一個絞刑架，把屍首兩腳朝天倒立，派六個人日夜看守。如果看到來往行人中有露悲哀神色的，馬上抓住押送王宮。

竊賊的母親得知這一消息，悲痛欲絕。她要小兒子把哥哥的屍體偷回來，如果兩天內偷不回來，不能安葬哥哥的屍體，她就去告發他。

小兒子經過一番冥思苦想，終於想出一條計策偷回

哥哥的屍體。

雖然這個故事帶有濃厚的傳奇色彩，但是塞提一世擁有巨大的財富卻是沒有疑問的。塞提一世憑著雄厚的資金大興土木，廣建紀念物，尤其是在人跡罕至的「帝王谷」中，為自己建立了一座外表隱蔽，裡面卻十分豪華的陵墓。塞提一世死後，他的一些金銀財寶和屍體一起葬在這個陵墓中。

義大利的喬萬尼‧貝爾佐尼是近代最早在塞提一世陵墓尋寶的人，他憑著自己的聰明才智，贏得埃及總督穆罕默德‧阿里的喜歡，得到一張挖掘許可證。

據強盜家族的後代阿里說，貝爾佐尼在帝王谷裡挖掘時，曾經得到他曾祖父的幫助。當時他的曾祖父是家族的族長，傳說他能夠準確無誤地感覺到哪棵樹下或哪塊巨石下埋藏著珍寶。

貝爾佐尼開始在帝王谷尋找塞提一世的陵墓。

他在拉美西斯一世陵墓的入口附近清除了一些石頭之後，憑自己的直覺認定這裡就是塞提一世的陵墓入口。於是，他命令雇工在此處挖掘。挖到地下6米深時，奇蹟般地出現了塞提一世陵墓的入口。

雇工繼續深挖，直到發現陵墓。

阿里的曾祖父和貝爾佐尼一同走進地下數百米深的

陵墓。可是墓室裡除了一口空蕩蕩的鑲金雪花石膏棺材之外，什麼也沒有，可以肯定該陵墓曾經被盜過。貝爾佐尼仍不死心，他打算鑿開墓室的牆壁繼續挖掘，可是阿里的曾祖父勸告他打消這個念頭，再挖下去也不會發現任何有價值的東西。最後，貝爾佐尼接受了勸告，將石膏棺材運回了英國。

其實，塞提一世的木乃伊並沒有被盜，這裡只不過是塞提一世修建的一座假墓，貝爾佐尼離開埃及後，阿里的祖父穆罕默德兄弟三人，在靠近「帝王谷」的一個山崖洞穴中發現的。十年之後，穆罕默德兄弟三人被捕，於是這些木乃伊歸開羅博物館所有。

在阿里家族中至今還保存著他曾祖父留下的文字記載。這段記載最後說：「當他看到墓室的牆壁和地面都是用巨石封閉的，就斷定塞提一世的寶藏並未被盜，就埋藏在這裡，我騙了貝爾佐尼。」阿里補充說，這個祕密一代傳一代，他所知道的都是他父親臨終前告訴他的。

阿里以前也像他的祖輩一樣，是一位掘墓大盜，當年他還間接地參與過許多大宗盜賣文物的黑市交易。後來他將這個隱藏了近半個世紀的祕密告訴了國家古文物部門，並且主動承擔經費，倡議古文物部門尋找塞提一世的財寶。古文物部門接受了他的請求。

　　阿里和古文物部門負責人阿布德‧埃爾‧哈飛茲率領尋寶隊伍，開始尋找塞提一世國王的寶藏。半年之後，雇工們由墓室的牆壁開出一條80公分高、1.5米寬，但長達141米的傾斜向下的隧道。挖進去200米之後，清理出四十級台階。此時，突然出現了一塊巨石，有三塊深深埋在地下的四方大石塊墊在下面。

　　由於狹窄的隧道沒有迴轉餘地，又不可能撬開大石塊；即使大石塊能夠撬開，也無法搬運出去。如果採用爆破方式，這條隧道將毀於一旦，那更是前功盡棄，所以挖掘工作陷入了僵局。此時，阿里投入的資金已經用完，而政府又不肯出錢。探寶工程最後不了了之。

────────────────────────

　　這條隧道是不是埋藏塞提一世珍寶的寶庫？建築陵墓的工匠們是否有意用這些巨石封住了這座存放財寶的墓室？只有移開巨石，才能找到準確的答案。

05 羅本古拉陵墓寶藏

十九世紀，一批歐洲人來到非洲馬塔貝萊王國，請求國王羅本古拉允許他們開採該國的礦山。國王答應了他們的要求，非常友好地接待他們。

可是這批歐洲人不僅開採礦山，還四處掠奪，引起了土著人的不滿和反抗，結果雙方爆發了戰爭。結果，羅本古拉退出馬塔貝萊王國，帶領著妻妃、巫師和一小部分軍隊，尋找新的土地。但歐洲殖民者並沒有放過羅本古拉，四處尋找羅本古拉的下落。

羅本古拉派一名使臣帶著一袋金幣跟歐洲人求和。歐洲人殺死使臣，搶走金幣。但是這一袋金幣根本不能滿足歐洲人的慾望，他們的目標是羅本古拉國王所有的財寶。

　　歐洲人不接受羅本古拉的求和，羅本古拉只能不停地逃亡，最終因熱病死於逃亡的途中。按照馬塔貝萊人的風俗，國王和他平生積聚的財寶要一起埋葬。

　　國王的墓地是由巫師選定的，在贊比亞河的一條支流附近。巫師派遣一批士兵挖掘墓穴，將國王的屍體和象牙、黃金、鑽石等價值三百萬英鎊的財寶一起埋藏。然後，參與挖掘墓穴和埋藏屍體的士兵全部被第二批士兵殺死，屍體葬在國王墓地周圍，護衛國王的靈魂。

　　為了永保墳墓的安寧，巫師還在墓地周圍放置了咒語。隨後，第二批士兵被召集到一個指定地點，全部被殺死。巫師是唯一知道國王墓地的人。這就注定了巫師的餘生，將在逃亡恐慌中度過。國王死後，巫師在逃亡中死去。

　　巫師臨終前，將財寶的祕密告訴了他的兒子，他的兒子又變成歐洲人追捕的目標。巫師的兒子在逃亡中，被歐洲人抓獲，為了保存性命，他開始裝瘋，後來在傳教士的干預下才被釋放。住進一個教會機關內，常常借酒壓驚。

　　經過無數次戰火的非洲，後來又被捲入了歐洲人發動的第一次世界大戰中。斯穆茲將軍手下有個名叫雷坡德的少校在審查德軍檔案時，發現一個文件夾，裡面裝

有一張地圖，還有測算數字、運輸費清單以及一些用密碼編寫的文件。他斷定這是關於某一地區的資料，但是不懂上面的密碼，只好將其扔在一邊。

不久，雷坡德在審訊兩個非洲戰俘時才知道，這兩個戰俘曾經陪同過一些「從遠方而來的」德國人，他們好像是為了尋找一個與國王有關的地方，此外他們一無所知。

後來，雷坡德從當地土著人那裡知道了羅本古拉以及他的珍寶的故事，便開始熱衷於探寶。他最後終於破解了密碼，原來這些材料都是有關挖掘羅本古拉財富的文件，上面記載著羅本古拉財寶的所有情況，包括巫師和他兒子的事情。

湊巧的是，巫師兒子隱居的地方正是雷坡德的家鄉。雷坡德費盡周折找到巫師的兒子，但是他因年老、酗酒的緣故，記憶力明顯衰退，已記不清墳墓的確切位置。不過，墓地四周的特殊環境景象，他還能較清楚地回憶起來。

雷坡德僱用當地人開始挖掘寶藏，他沒有把實情告訴這些人，經過兩個星期的奔波尋覓之後，工人讓雷坡德向他們清楚，究竟要尋找什麼東西。雷坡德說出實情，結果那些土著人全走了，所有的挖掘設備廢棄

在荒野上。

雷坡德並沒有因此放棄挖寶計劃，兩年後，雷坡德率領著從外地雇來的工人，又一次來探寶。這次經過一番周密的計算，確定了地點。但是這裡是葡萄牙人的管轄範圍，雷坡德無法從葡萄牙人那裡獲得許可證。

這一地區荒無人煙，雷坡德決定偷偷潛入該地區進行挖寶，他找到一個機會，率領著工人越過邊界。探險隊到達目的地時正好中午，四週一片令人窒息的寂靜，工人們十分恐慌，雷坡德卻因為找到巫師兒子所說的特殊環境景象而興奮不已。

探險隊中有個叫貝朱頓豪的白種人，他一直沒弄清楚來這裡幹什麼，但是他感覺到這是一塊被詛咒過的地方。雷坡德後來回憶說，那天夜裡他夢見了成群的蒼蠅，根據土著人的說法，這是死亡的徵兆。

第二天，工人們開始挖掘，結果挖出兩具斷腿的屍體，這是護衛國王靈魂的士兵。工人們拒絕再挖下去，他們要求回家。那天晚上，貝朱頓豪被一頭獅子咬死。雷坡德害怕了，天剛一亮他們就撤退了。

財富的誘惑力是讓人無法抗拒的。三年後，雷坡德又組織一支探險隊來到這一地區。吸取上一次的教訓，這次他有備而來，帶著護身符和其他各類符咒，還在那

裡舉行了一些驅邪儀式，以求平安。

　　一天夜裡，他又夢見成群的蒼蠅，第二天，一個挖掘坑莫名其妙地塌陷，十人死亡。雷坡德本人也得了熱病，只好無功而返。

　　相隔十一年後，雷坡德又準備組織探險。這時羅本古拉的財寶已經盡人皆知，相關部門都想獲得一部分寶藏。葡萄牙人說如果找到珍寶，他們應該分一半，因為墓地在他們管轄的範圍內。

　　一個採礦公司說，這些財寶是從他們公司偷走的，所以該公司應獲75％的財寶。一個基督教團體還自稱是馬塔貝萊人的委託人，這些財寶是馬塔貝萊人的，75％的財產應歸該團體所有。

　　雷坡德陷入因探寶而引起的各式各樣的官司中，疲於應付。幾經風險的雷坡德突然意識到，這些官司就是墓地詛咒的一個先兆，他悄悄地填平已經挖開的坑，讓墓地恢復原樣。他燒燬所有的文件，讓這塊墓地從此安寧，不被世人打擾。

　　可是有兩個人卻在柏林意外地找到這些文件的複製品，他們根據文件裡的指示圖，來到埋有羅本古拉寶藏的地區，隨後這兩人回到柏林組織探險隊，搭飛機飛往非洲南部。但是，這支倒楣的探險隊還沒到達非洲，飛

機就墜入了大海。

巫師的咒語真有這麼大的威力嗎？幾百年後還可以守護國王的陵墓，讓挖掘陵墓的人死於非命？真讓人不可思議。據說，世界上只有一個人知道墓地的確切位置，但是他不會把這個祕密告訴他的兒子，因為他害怕恐怖的詛咒會給他的兒子帶來厄運。

06 神祕的墓島寶藏

在南太平洋波納佩島的東南側，復活節島的西側有一個名字叫做泰蒙的小海島，人們稱它為「墓島」。它為什麼被稱為「墓島」呢？

泰蒙島有一處伸向海裡的珊瑚淺灘，沙灘上面聳立著89座高大雄偉的建築物。這些建築物全都是用巨大的玄武岩石柱縱橫交錯搭起來的。大約有4米那麼高。人們如果站在遠處望去，它們就好像一座座怪石嶙峋的山峰。人們走近仔細看，它們又好像是一座座神廟。

有人說這些建築物是遠古時代人們的墳墓，它們之間環水相隔，形成了一個個的小礁島。所以，人們又把泰蒙島稱為「墓島」。

泰蒙島是一個非常小的海島，島上沒有玄武岩石

頭，人們建築那些建築物用的玄武岩石頭都是從波納佩島運送過來的。當地人把這些建築物叫做「南馬特爾」，在波納佩島人的語言當中，「南馬特爾」有兩個意思，一個是「眾多集中的家」，另一個是「環繞群島的宙宇」。

泰蒙島上的南馬特爾遺蹟有一半淹沒在海水裡面。所以，人們只有在海水漲潮的時候，划著小船進去。海水退潮的時候，這些建築物的周圍就會露出一大片特別泥濘的沼澤地，小船根本進不去，人走在上面極其危險。

泰蒙島上的南馬特爾遺蹟處在太平洋當中，與它相關的離奇傳說，使它蒙上了一層特別的色彩。

南馬特爾遺蹟到底是怎麼建造起來的，這是一個難以解開的謎團。

南馬特爾遺蹟的那些古代墳墓，從來就沒有一點兒文字記載。據當地的人們說，關於那些古代墳墓的來歷，都是靠當地酋長一代一代地口頭傳授下來的。酋長們之間到底傳授的是什麼內容，只有酋長自己和將繼承酋長寶座的人才知道。

另外，酋長們在口頭傳授那些古代墳墓來歷的時候，還有一些特別嚴格的規矩，就是絕對不能向外人、哪怕是自己的親屬洩漏出去，否則就會遭到詛咒，死神

就會降臨到他們的頭上。當地的人們說，這不是嚇唬人的，因為這種可怕的事情確實發生過！

1907年，德國軍隊佔領了波納佩島。後來，有一個名叫伯格的德國人擔任波納佩島第二任總督。據說，這個伯格總督對南馬特爾遺蹟特別感興趣，尤其對埋葬著一個叫伊索克萊酋長的墳墓充滿了好奇，總想把墳墓挖開看一看。

有一天，伯格想盡一切辦法，終於從酋長的嘴裡瞭解了一些關於那座墳墓的情況。於是，他立刻下令挖掘伊索克萊的墳墓。沒想到，詛咒應驗了，死神降臨到了伯格的頭上。在他下令挖掘伊索克萊墳墓還不到一天的時間裡，他就突然死亡了。

19世紀的時候，有一個名叫伯納的德國考古學家聽說了南馬特爾遺蹟的事情以後，也前來挖掘文物。結果，死神很快降臨到他的頭上，他也同樣莫名其妙地死亡了。

第二次世界大戰的時候，日本侵略軍佔領了波納佩島。有一個名叫杉浦健一的日本學者，其實他根本不是學者，而是一個名副其實的侵略者。杉浦健一猜想南馬特爾遺蹟裡面一定有大量的文物，如果把它們弄到手，不僅可以寫出令人驚歎的學術論文，還可以得到數不清

的財寶。

可是，不瞭解那些古代墳墓的祕密，就沒辦法把它們挖掘開。怎樣才能得到那些古代墳墓的祕密呢？杉浦健一立刻命令幾個士兵去抓酋長。

很快酋長被帶到杉浦健一的面前，杉浦健一命令士兵把刺刀對準酋長，威脅他說出古代墳墓的祕密。酋長面對侵略者的刺刀，只好說出古代墳墓的祕密。

沒想到，幾天以後，晴朗的天空突然亮起一道閃電，隨著又響起了一陣雷聲。酋長正坐在屋裡，突然一道閃電闖進屋裡，一下子就把他擊死了。

此時，杉浦健一正坐在桌前，整理記錄古代墳墓的祕密，準備將這些祕密整理成書。他剛把記錄整理好了，突然死亡。

後來，杉浦健一的一個學生拿著他的那些古代墳墓的記錄，找到了一個名叫泉靖的教授，請他繼續整理出版。奇怪的是，那個泉靖教授不久也突然死亡。從那以後，再也沒人敢動那些古墓的祕密資料。

從此，除了泰蒙島的酋長，任何想得到南馬特爾遺蹟祕密的人，最後都會慘死。那些洩漏了南馬特爾遺蹟的酋長，也都同樣死於非命。

南馬特爾遺蹟是神祕的，那些詛咒更加神祕。

　　南馬特爾遺蹟是怎樣建造起來的？

　　南馬特爾的那些古代墳墓，究竟有著怎樣的神祕來歷？酋長們之間到底傳授的是什麼內容，墳墓的詛咒真會置人於死地嗎？

07 班清陵墓寶藏

　　一個泰國藝術部門的職員走在班清小鎮的偏僻土路上，他突然感覺到腳下踩到一件硬東西，隨意地飛起一腳，從雜草中飛出一個畫有圖案的陶器碎片。

　　他發現碎片上的圖案很精美，就將碎片帶回曼谷的工作室。他的同事們從陶器的顏色推斷這是史前產物，但是想到班清是個小城鎮，根本不會有這麼古老的陶器碎片，就沒有再深究這件事。

　　直到四年之後，一位美國駐泰國大使的兒子來到班清，路過一個築路工地時，看到許多被推土機挖出的破損陶器。雖然陶罐已經破損，但在淺黃色的底色上，有著藝術家隨心所欲，一揮而就的深紅色圖案，還有經過

精心構思的精確的幾何圖案。他被上面的圖案吸引，就撿了一個陶罐帶給泰國的嬋荷公主玩賞。

嬋荷公主發現這種圖案跟泰國任何一種陶器上圖案都不相同，卻很像古希臘的陶器圖案。她心裡感到很奇怪，為了弄清楚這件事，嬋荷公主親自去了一趟班清。她在小鎮居民的手裡搜集到大量形狀各異的陶器，最令人驚歎的是一些頸部像筷子一樣細的高花瓶，做工極其精細，即使現代工藝技術也很難做成這樣，那麼古人又是怎樣做成的呢？還有些粗矮的大缸，上面有精緻得不可思議的圖案，顯得很不協調。這是為什麼呢？

大概只有在班清地下的墓葬中，能找到這些問題的答案。可是泰國盛行佛教，不准許挖掘地下的墳墓。嬋荷公主只能借助國外的力量，她將陶器全部拍成照片並編印成冊向國外發行。

圖片發表之後轟動了整個世界，在亞洲的其他地方從未見過這樣的陶器。泰國怎麼會有這麼古老的陶器？世界各地的考古學家紛紛來到班清，希望能找出這些陶器的淵源。

1974年，在聯合國的資助下，開始對班清小鎮的古墓葬進行挖掘，挖到地下5米深時，出現了六層界線分明的墓葬，最深的一層是公元前4000年的，最淺的一層

也可追溯到公元前250年。這遠遠超過了泰國的可考歷史。

考古學家斷定古墓群裡的寶藏將超過埃及的王陵谷。透過從墓穴裡挖掘出來的陶瓷測定，這些陶器是公元前4000年左右製造的，幾乎和兩河文明的年代一樣久遠。可是泰國的可考歷史卻只有1500百年。難道古代的班清是世界古文明的搖籃之一嗎？

如果班清曾經有過這麼一段輝煌的文明，為什麼史書上沒有記載？班清這個小鎮在古代有著什麼重要的作用？冶煉基地？驛站？貿易中轉站？都市？從最早的研究資料顯示，這裡的文明起源於種稻穀，很快就有了作坊工業。

在公元前3000多年，班清人就掌握了冶鐵技術，比中國和中東的冶鐵技術還要早。當人類的祖先剛開始農耕，製作石器的時代，班清人卻已經開始用高深莫測的幾何圖案製作手鐲、項鍊、兵器、工具和陶器。是誰教給他們的這些技術？班清寶藏的主人是誰？為什麼人們對此一無所知呢？

考古學家從古墓裡挖出各種文物18噸，其中包括大量的青銅器和金銀飾品。飾品上的圖案和古希臘的很相似，但古希臘文明比班清要晚一些。這兩個文明之間是否有過交流和影響呢？如果這兩個文明有關聯，又是透

過什麼樣的途徑交流的呢？

　　這些寶藏不會說話，但是它們證明了這裡存在過一個舉世無雙的文明。

●┄┄┄┄┄┄┄┄┄┄┄┄┄┄┄┄┄┄┄┄┄┄┄┄┄┄┄┄┄┄┄┄┄┄

　　古代班清做工極其精細製作瓷器的技術，即使現代工藝技術也很難做成，那麼古人又是怎樣做成的呢？在亞洲的其他地方從未見過這樣的陶器。

　　這些陶器是公元前4000年左右製造的，幾乎和兩河文明的年代一樣久遠。可是泰國的可考歷史卻只有1500年。難道古代的班清是世界古文明的搖籃之一嗎？

　　如果班清曾經有過這麼一段輝煌的文明，為什麼史書上沒有記載？班清這個小鎮在古代有著什麼重要的作用？冶煉基地？驛站？貿易中轉站？都市？

　　古墓裡挖出的文物上的圖案和古希臘的很相似，但古希臘文明比班清要晚。這兩個文明之間是否有過交流和影響呢？如果這兩個文明有關聯，又是透過什麼樣的途徑交流的呢？

08 三星堆地下寶藏

「三星堆文化」遺址坐落在中國四川廣漢。它是被稱為世界「第八大奇蹟」的秦始皇陵兵馬俑以後的「世界第九大奇蹟」。這一古老的文化遺址，歷年來為中外人士普遍矚目。

美國著名富豪比爾‧蓋茲的母親倪密女士，對三星堆奇蹟非常感興趣。在她任西雅圖藝術博物館館長期間，出於對歷史古蹟文明的特殊愛好，她連續六年向中國提出申請，最後終於得到中國政府的允許，2001年在她主持的西雅圖博物館裡，舉辦了《千古遺物——中國四川古代文物精品展》盛會，在美國展出了三星堆青銅神樹等珍貴文物。

當三星堆文物在西雅圖展出時，館內人滿為患，裡

三層外三層，轟動一時。美國報紙認為這是「世界上獨一無二、最引人注目的文物精品展覽」，是「中美兩國文化交流史上的大事」。倪密等一批美國文物專家甚至提倡將2001年這一年定為「中國年」。

為什麼「三星堆文化」在世界上能引起這麼大轟動呢？因為它的確是中外考古歷史上的一個奇蹟。

這麼偉大的歷史奇蹟是怎樣被發現的呢？

1929年，在三星堆北邊的月亮灣，有一戶姓燕的農民在掏水坑安放水車時，偶然挖出了一大堆古玉器，有各種形式的璧、璋等達四百餘件。這些被當時古董商們號稱「廣漢玉器」的文物很快引起了考古界的注意。

20世紀30年代，當時華麗西大學博物館的美籍教授葛維漢決定組織一支八十多人的考古隊和武裝士兵，去月亮灣進行考古挖掘，在那裡又挖出了遠古石器、陶器和綠松石等六百餘件。

新中國成立後，四川大學考古學教授馮漢驥先生，曾先後率領考古人員在月亮灣進行了幾次挖掘。馮教授對在月亮灣對面的三星堆發表預見：「這一帶遺址如此密集，很可能是古代蜀國的一個都城。」

五十年後，一批制磚工人在挖土時，在三星堆發現了一批古陶和古石器，清理出商周時期的房屋地基和古

墓葬。具有決定意義的是1986年的考古挖掘，這一年考古學者們從仲春開始，一直挖掘到盛夏7月，終於發現了震驚世界的奇蹟：首先在三星堆遺址出土了一根黃金杖，然後又出土了大量黃金面罩、青銅面具和青銅頭像、人像等。考古學家把發現這些寶物的地方命名為三星堆文化遺址一號、二號祭祀坑。

三星堆一號、二號祭祀出土的稀世珍寶，不勝枚舉，這批青銅製品不但做工精巧，而且種類繁多，不僅有人物雕像，還有動植物雕像，都極其生動有趣。此外，還出土了數具黃金面罩，有的是戴在人頭雕像上一起出土的，還有一些象牙、海貝、玉石祭器等貴重文物。以上總數在千件以上。

三星堆的考古發現，證明了四川古代確有悠久的輝煌文化。大量的金、銅工藝品證明當時三星堆古文明進步的程度並不低於中原的西周文明。

三星堆遺址和大批文物的發現，使人們可以瞭解到戰國之前四川地區古史概貌。使長久以來的古蜀朦朧歷史迷霧，逐漸被人們撥開了。三星堆文化勾畫出了古蜀歷史的輪廓。

三星堆文化大約可分為四個時期：第一期屬於新石器時期晚期文化，第二期為夏商間的文化，第三期為殷

商文化，第四期為商末周初文化。第一期約距今3200年以前。1986年發現的三星堆一、二號祭祀坑的遺址和大批珍稀文物屬於第三期文化。

三星堆和四川其他地區已經發現了大量夏商周時期古人生活用具和殘跡，以及那時的城牆、宮殿遺址。根據這些材料，基本上能夠勾畫出古蜀人的社會經濟概貌。

從三星堆遺址東、西、南部，發現了巨大的城牆。

除了城牆外，在三星堆還發現了密集的居民生活區和作坊。從城市或城堡的古祭祀區，生活區出土房址數十處，墓葬多處，生活用品玉石器一百一十多件，陶器七十件和殘陶片十萬多件，雕花漆器千件以上。這些文物，反映出當時三星堆古代居民的較高的生活水平。

從出土的金器和青銅像來看，它反映出三星堆文化時代手工業技術已相當高明。無論從人像造型和裝飾的富麗堂皇，都可看出三星堆鑄造技術令人歎為觀止，不低於中原的商周文化和境外同時期的西亞、中亞、北非和古印度的青銅文明。尤其令人驚奇的是，三星堆的青銅器，銅、錫配備已十分科學。

古代三星堆人宗教意識很強。考古學家已經判斷在三星堆發現大量珍稀文物的遺址為當時的「祭祀坑」，即宗教祭祀的場所。出土的青銅器、金器和玉石、陶器

群，在性質上都屬於祭祀用的禮器。這說明古蜀的統治者是政治和宗教合一的集權者。

殷商時代的三星堆和古蜀地區，對外經濟文化交流已很發達。三星堆出土的遺物中，有一種海貝，這些海貝遠產於印度洋的深水海域，它在三星堆祭祀坑大量出現，可能是那時古蜀王國和古代東南亞和印度大陸物品交換用的通用貨幣。可見那時三星堆人已經和很遠的地方有貿易來往了。

有一些學者還認為，三星堆出土的青銅像，有一些具有高鼻深目多鬚的中亞、西亞人特徵，而黃金面罩的製作，本發源於古代的兩河流域美索不達米亞平原，伊拉克、埃及和歐洲的邁錫尼，都出土過上古時代的黃金面罩。這些都說明早在商朝，三星堆地區和古蜀國就和上述地區有直接或間接文化交往。

有一種說法還認為：「三星堆曾是世界朝聖中心。」根據在三星堆發現大批印度洋海貝的事實推斷，大量異域祭祀用品會聚三星堆，表明三星堆古代祭祀業相當發達，吸引了世界各地的朝拜者，對外交往、貿易都異常活躍。

假如這一觀點被認可的話，「三星堆文化」就更加具有重要的世界意義了。

　　三星堆遺址及其出土文物的許多重大問題，至今仍是難以破解之謎。

　　三星堆文化來自哪裡？三星堆遺址居民屬於哪個民族？三星堆青銅器高超的青銅器冶煉技術及青銅文化是如何產生的？是蜀地獨自產生發展起來的，還是受中原文化、荊楚文化或西亞、東南亞等外來文化影響的產物？神祕的古蜀國何以產生，持續多久，又何以突然間消亡？這些都是三星堆古文化遺址的謎團。

09 慈禧太后陵墓寶藏

清東陵是清朝三大皇家陵園中規模最大、葬人最多、最具特色的一座。這裡建有順治、康熙、乾隆、咸豐、同治五座皇帝陵，四座皇后陵，五座妃園寢，一座公主園寢。這些陵寢都極其豪華，其中的慈禧陵墓更是顯示了這個統治清王朝四十八年的女獨裁者的奢侈。

《愛月軒筆記》上記載：

慈禧入棺前，棺底先鋪上三層金絲串珠繡花錦褥和一層珍珠，共一尺多厚。棺頭置放一個滿翠碧透的翠玉荷葉，此玉葉面上筋絡為天然生成，棺尾安放著一朵碧金大蓮花。頭戴珍珠串成的鳳冠，是稀世無價之寶。

身著通貫金線串珠彩繡袍掛，蓋的衾被上有珍珠製

成的一朵碩大牡丹花；手鐲是用鑽石鑲成的一朵大菊花和六朵小梅花連貫而成。屍身旁放置有蒲翠、白玉、紅寶石、金雕佛像各二十七尊。腳下左右兩邊各放菊翠白菜兩棵、蒲翠絲瓜兩個、蒲翠西瓜一個，還有寶石製成的杏、棗、桃李、李二百多枚。

她屍身右側放置一株玉雕紅珊砌樹，上繞青根綠葉紅果玉蟠桃一枚，樹頂停落一隻翠鳥。屍身左側放置一枝玉石蓮花和三節白玉石藕，藕上有天然生成之灰色「泥污」，藕節出綠荷葉，開粉紅色蓮花。這些奇珍異寶乃天然雕琢。棺內還有玉石駿馬八尊、玉石十八羅漢等七百多種珍寶。

為填補空隙，棺內還倒入四升珍珠和紅、藍、寶石二千二百多塊。慈禧口中含有一顆巨大夜明珠，當分開為兩塊時，透明無光；合攏時則是一個圓珠，射出一道綠色寒光，夜晚百步之內可見頭髮。

可見慈禧太后不僅生前窮奢極欲，死後也要躺在成堆的金銀珠寶之中。這些珍貴的陪葬寶物，很快就成為盜寶賊的目標，她死後不到二十年，就被孫殿英盜了陵墓。

孫殿英以軍事演習為名，祕密挖掘了清東陵慈禧墓和乾隆墓。據孫殿英回憶：慈禧的棺蓋一掀開，滿棺珍

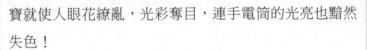

寶就使人眼花繚亂，光彩奪目，連手電筒的光亮也黯然失色！

孫殿英把陵墓中極少一部分珍寶賄賂給當時政界要人，剩下的大部分東陵寶藏，至今下落不明。

民間有一個傳說，孫殿英將部分東陵寶藏賄賂給了上司徐源泉，徐源泉將寶藏埋在自家公館的地下密室裡。「文革」期間，有人在武漢新洲徐公館附近挖出不少槍支軍備，結果有關徐公館藏有巨寶的說法傳了出來。

2001年2月的一天中午，武漢新洲徐公館附近來了兩個陌生人，他們沒有當地文物部門人員的陪同，私自走訪了當地的很多位老人，收集了大量的資料，這兩個陌生人在臨走前透露了一條消息：徐源泉可能將財寶埋在徐公館的地底下。

原來這兩個人是西北某大學歷史系教授，這次來武漢是為了查尋1928年孫殿英送給徐源泉的部分東陵財寶的下落。沉寂了七十多年的東陵寶藏歷史懸案再度沸沸揚揚，東陵寶藏真的埋在武漢市新洲徐公館嗎？

史料記載：1931年，時任國民黨中央執委第六集團軍陸軍上將的徐源泉，耗資十萬大洋在倉埠鎮建成佔地面積4230平方米的徐公館，據當地老百姓講，徐公館是徐源泉為母親和妻室建造的，他沒在這裡住過，公館建

成後，徐源泉派出兩個連的兵力將其保護起來。

公館的地下室有一條暗道，傳說寶藏就埋在這條暗道裡。「文革」期間，曾有人在徐家公館附近挖出了一條地道，地道中不斷冒出水汽，眾人懷疑地道下可能有機關和毒氣，就沒敢再下去。

後來專家們曾經多次對徐公館和徐源泉的親屬、街坊進行了仔細的尋訪，結果並未發現任何有價值的線索。

為了搞清徐公館的藏寶之謎，1994年，現任新洲文物管理所副所長的胡金豪，專程探訪了徐公館東廂房下的密室。他仔細地清掃了這間僅幾平方米大、空無一物的密室，並細細敲打每一面牆磚，查看裡面是否藏有機關。

胡金豪發現，密室牆上沒有糊上泥巴，有一面牆的磚還參差不齊，似乎牆是臨時砌上去的。但因為種種原因，他沒有做進一步的調查，只留下一份他走訪徐公館女佣袁一全的現場筆錄。

袁一全回憶說，孫殿英盜走東陵寶藏，當時徐源泉是司令，因此發了財，就用這筆錢修建了徐公館，公館建成後，國民黨曾經在徐公館附近槍斃人，人們懷疑被槍決的人都是修房的工匠。

徐源泉姐姐的養子林庚凡老先生卻提供了另一條線

索，林庚凡老先生回憶說，他在10歲時到徐公館玩耍，徐公館富麗堂皇，地道裡都是值錢的寶貝。徐源泉的妻子還有一頂金光閃閃的鳳冠。他認為，徐公館的地下可能藏有清東陵財寶。

對於沸沸揚揚的藏寶之說，新洲區文物管理所所長胡德意認為這純屬無稽之談。早在20世紀60年代，他就聽到附近的老人家傳說徐公館可能是埋寶的所在地。早些時候，文物部門曾對徐公館進行過一次較大規模的維修工作，但並沒發現有傳說中的藏寶地道。

從新洲區文物所整理的史料中得知：1927年徐源泉被任命為國民黨第六集團軍總司令。

1928年7月，他放任部屬孫殿英盜挖清東陵，並接受東陵大盜孫殿英的賄賂，將部分受賄所得的清東陵財寶轉移，據為己有。

徐源泉1949年逃到台灣，1960年在台北病死。徐源泉到底將清東陵的財寶藏於何處？他將財寶一直帶在身邊，還是埋在徐公館地下？這一切至今仍是一個難解的謎題。

　　徐源泉真的得到了慈禧太后的陵墓寶藏了嗎？如果得到了，他會將清東陵的財寶藏於何處？藏在徐公館還是在逃往台灣的時候帶走了？這一切至今仍是一個難解的謎題。

那些
被神遺忘的
古墓寶藏

10 李闖王陵墓

闖王究竟死於何時何地，以及因何而死，至今尚無定論。

關於闖王的歸宿，數百年來，各種記載和傳說撲朔迷離，人各異詞。有關闖王的死亡地點眾說不一，所以就有了遍佈各地的闖王墓，真假難辨。

但是在眾多說法中，有兩種說法最接近歷史：闖王在湖南石門夾山為僧和闖王在湖北通山縣九宮山遇害。而這兩說法又爭執不休，所以闖王的死亡地點成了一個懸案。其中李自成逃到石門夾山為僧這一說法，流傳廣泛。

湖南省的石門縣古稱「澧州」。清乾隆年間的《澧州志林》裡，有一篇澧州何璘寫的《李自成傳》，李自

成兵敗「獨竄石門之夾山為僧」，法名「奉天玉和尚」。文中所指夾山即夾山寺，該寺是一座唐代古刹。寺內遺有與上述說法相關的一些碑記塔銘、詩文殘板，以及奉天玉和尚的骨片和包括宮遷玉器在內的許多遺物。寺西南15公里有疑塚崗，崗上有傳為闖王疑塚四十餘座。

何嶙曾經到夾山進行考察，見到一位服侍過奉天玉和尚的老和尚，他說，奉天玉是順治初年來寺裡的，並取出奉天玉和尚的畫像。畫像與李自成的模樣非常相似，有人根據李自成曾稱「奉天倡義大元帥」，後又稱「新順王」，斷定「奉天玉」即「奉天王」多一點，是為隱諱。

1981年，湖南石門夾山發現了李自成所作的《梅花百韻》木刻版，又從奉天玉和尚墓葬中發現骨灰和篆刻《塔銘》。墓葬中，他的弟子野拂所撰碑文及有關文物，都與何嶙寫的文章相印證。據考察，「野拂」就是李過，李過是李自成的親侄兒。由此可見證，被野拂精心侍奉的奉天玉和尚就是李自成。

這種說法的另一個依據是：李自成去當和尚，是被聯明抗清的形勢所迫。當時，李自成領導的大順軍的主要敵人，已不是明代統治者，而是清統治者。抗清已成為當務之急。當時可以聯合抗清的，只有湖南何騰蛟擁

立的唐王朱聿鍵部，但與何騰蛟談判時，何騰蛟提出必須由他指揮部隊作為交換條件。而何騰蛟是唐王的宰臣，李自成則是皇帝，這在情理上是難以接受的。李自成又逼死了崇禎皇帝，害怕唐王不能諒解。於是，李自成採取假死、隱居的做法，巧妙地迴避了衝突。讓高氏和李過出面與何騰蛟聯合，一起抗清。另外，有不少帶有傳奇色彩的故事，似乎都可以為「禪隱之說」作佐證。

可是也有人斷定，「禪隱之說」純屬子虛烏有。李自成根本沒有出家，奉天玉和尚絕不會是李自成。經查證，奉天玉和尚確有其人，在《塔銘》裡，有一篇李自成的銘記，而《塔銘》的作者劉萱是明朝遺臣，他是忠於大明朝的，怎能為農民領袖李自成寫銘記呢？這是無法理解的。

1982年冬湖南慈利縣新發現的《野拂墓碑》中，「久恨權閹」、「也逐寇林」、「方期恢復中原」等詞句，也表明野拂是痛恨宦官的明朝武官。而野拂對奉天玉和尚「事之甚謹」說明他們之間關係的密切，也說明奉天玉也是明朝遺臣。

據查，奉天玉乃是順治年間從四川到石門縣夾山寺的雲遊和尚，他初到夾山，見古剎破敗，便拋頭露面、沿門托鉢，求乞多方支持，修復寺廟，如果是李自成來

「逃禪隱居」，怎能如此不懂得保密！

　　另一種比較普遍的說法認為，湖北省東南部的通山縣九宮山才是真正的李闖王歸天處。九宮山以西數十里的牛跡嶺，是真闖王的墓地。這裡的闖王墓新中國成立後國家多次維修，並有新建的拱橋、層台、陳列館等附屬建築，墓後建有「下馬亭」，附近還有「落印蕩」、「激戰坡」等遺址。

　　關於李自成之死，《清世祖實錄》載：「被俘賊兵全優言，自成竄走時，攜隨身步卒二十人，為村民所困，不能脫，遂自縊死。因遣素識自成者，往認其屍，屍朽墓辨。」

　　還有的記載說，清順治2年5月初2（公元1645年5月26日），李自成東征途中轉戰江南，為清軍所挫，折向湖北，兵敗單騎脫逃於至此，曾於黃土洞中藏躲，後誤入葫蘆套，被程九伯手下的寨勇包圍，死於鎢統之下。

　　湖南大學者王夫之所撰《永歷實錄》也記載：「5月，自成至九宮山，食絕，自率輕騎野掠，為土人所殺。」這裡的「土人」即指程九伯等。程九伯曾因此向清廷請功並獲得獎賞。後來程的後人還變賣了李自成的寶劍、馬鞍、馬鐙等遺物。

　　如今九宮山闖王陵的馬鐙遺物形制特殊，並刻有永

昌年號，可以確認是闖王的遺物。程九伯等殺害李自成之事，在《程氏家譜》、高湖《朱氏宗譜》和顧炎武《明季實錄》中也有記載。

此外，史料中還有一絲「蛛絲馬跡」可以證明李自成確死無疑。在《湖北巡按馬兆奎揭帖》、《荊州總兵鄭四維揭帖》材料中，明確指出1645年「闖逆已除」，大順軍餘部立李自成之弟為「主」。如果李自成未死，另立新主便不可能。

闖王究竟死於何時何地，以及因何而死，至今尚無定論。他的陵墓究竟安葬在哪裡？他的陵墓裡是否隨葬著大量的財寶和文物？

11 洛莊漢墓寶藏

在濟南章丘洛莊漢墓，出現了越挖越大的跡象。該墓主墓室周圍陪葬坑的數量已經從最初的九個，增加至現在的三十一個。該墓規模驚人，其陪葬坑數量在中國已經發現的西漢諸侯王墓中是最多的。

章丘洛莊漢墓是一座大型西漢諸侯王墓。因附近修建公路取土時挖出大量文物而被發現。經當時清理挖掘，共發現九個陪葬坑，並從中出土了眾多珍貴文物。其後，新的陪葬坑不斷被發現，截至目前已經發現並挖掘了三十一個陪葬坑，從陪葬坑的數量上看，洛莊漢墓在中國已發現的西漢諸侯王墓中是最多的一座。而根據現在的情況看，還可能有陪葬坑沒有被發現。

從這三十一個陪葬坑裡，已經出土各種文物二千多

件，有精美的純金器和象牙、青銅器、鐵器、陶器等文物，從樂器坑中出土的大型編鐘、石磬等珍稀樂器更是具有極高的價值。另外，該墓面積達1295平方米的主墓室正等著進一步挖掘。

考古人員在搶救性考古調查和挖掘過程中發現了許多撲朔迷離、令人百思不解的謎團。

洛莊漢墓墓主是誰？

山東濟南洛莊漢墓已經發現陪葬坑三十一個，出土有價值的文物二千多件，但這座龐大的豪華墓葬的主人究竟是誰，專家們仍然各執己見。

濟南洛莊在西漢初期屬於齊國濟南郡管轄，在呂后執掌朝廷實權後便將濟南郡劃分出來命名為呂國，定都平陵城，並且分封自己的親侄子呂台為首任國王。所以，這座漢墓的墓主人是呂台的可能性極大。

在挖掘過程中分別出土了四組呂國的封泥，有封泥就肯定說明這個墓葬和呂氏、呂國有關係。從地理位置來說，這個墓葬距離平陵城很近，只有6公里，墓葬在平陵城的正東方。從古代的帝王王陵和都城的關係來看，一般都埋葬在都城的附近。

史書記載，呂國國王呂台死於公元前186年，而在公元前189年，齊國國王、漢高祖劉邦的長子劉肥也因

病去世，而在當時洛莊一帶仍然屬於齊國的管轄。由於呂台和劉肥去世的年代相近，而且在出土的許多青銅器上面刻有齊國的文字，因此也有一些專家對墓主人的判斷更傾向於這位漢代皇子。

　　這個墓是東西走向，東墓道明顯長於西墓道，這就證明墓主人可能是從東方過來的，因為齊國國都臨淄就在東邊。再一個，現在出土的青銅器上的所有銘文都是劉氏的。而封泥僅相當於現在郵寄東西的封簽。

　　在判斷漢墓墓主人方面，封泥和銘文的作用同樣重要。判斷一個墓的主人要從它的地理環境、年代，還有當時的社會因素綜合起來考慮這個問題。但無論墓主究竟是誰，這座規模龐大的漢墓都具有極高的研究價值。

　　洛莊漢墓主墓室頂上面的耕土層在清理完畢以後，整個輪廓顯露出地面，整個主墓呈「中」字形。但令人稱奇的是，東西墓道在向主墓室靠攏的過程中出現了九個兩邊對稱的彎道。類似的彎道在國內考古挖掘中還從未出現過。究竟為何會設計這種沒有實際用途的彎道？而且，在前後歷史時期均沒有類似發現，尤為讓人稱奇。

　　洛莊漢墓不但發現了令人稱奇的古墓構造，還給人們留下一個又一個難解的謎團。

洛莊漢墓的墓主究竟是誰？

在清理東墓道時，在墓道堅硬的封土層上發現了幾條清晰的車轍印，其中兩條相距1.5米。但是另外兩條車痕卻寬大很多。這些絕非車馬坑中的馬車留下來的。為什麼會出現這些奇怪的車痕，而且軋在並非運輸線路的、堅硬的封土層上。這都是難解之謎。

從洛莊漢墓出土的古銅器可以說是保存最為完好的，有許多甚至看不到鏽蝕。而許多比它晚一千多年的也早已鏽爛。但是與相同規模和級別的漢墓相比，洛莊的銅禮器種類卻不全。對於規章要求嚴格的諸侯王墓來講，目前無法知曉其原因。

判斷墓主人的最重要依據就是看墓中有無「封泥」，即現在的印章。陪葬坑內出土了多枚「呂大官印」封泥。但同時，墓中其他陪葬坑中又發現了「齊大官印」（齊國國王的印章）的封泥。

而隨後，還發現了更多國家的厚重的陪葬品。而離得相當遙遠的齊等國家的器物為何會出現在呂台的墓中呢，這些都不得而知。

如果呂后死後，其後嗣的墳墓都被挖開，為何規模相當大的呂台墳卻得以保留？縱觀整個古墓，主墓室酷似保

齡球瓶形，而這種形狀在以往的墓穴中絕無僅有。在一件
出土的編磬上發現刻有「最」字，至今也未搞懂它是如何
刻上去的。

12 楚王陵墓寶藏

徐州是漢高祖劉邦起家的地方。西漢建立後，劉邦分封諸王，將徐州周圍三十六縣劃為楚國，分給了他的弟弟楚元王劉交，史稱楚王。此後共延續了十二代楚國，他們死後都葬在環繞徐州的山丘之中。

原來人們並不知道漢朝的皇陵群建在徐州的獅子山裡。自從推土機在獅子山的西部取土時偶然地鏟出一批兵馬俑後，獅子山才引起考古學家的重視。這樣規模宏大的兵馬俑為何葬在這裡？從已經發現的咸陽兵馬俑和臨潼秦始皇兵馬俑來看，這裡一定是漢代某個王陵的陪葬物。

於是，考古學家們開始尋找，目光漸漸地集中在這座狀如臥獅的山丘上。他們草擬了各種有關陵墓形狀的

模擬圖，利用各種儀器進行探測，還請來了地質勘察隊鑽孔探究，然而卻一無所獲。

有一次考古人員徵用了一戶民房，打下的探溝距楚王墓的外墓道僅10米之遠，就此失之交臂。考古隊員在山丘上又尋找了六年，但是一無所獲。

一天，考古學家王愷在獅子山村裡與老人閒聊，老人說，他家祖輩挖過一些非常深的大地窖，其中最大的一個地窖能放幾噸紅薯。這句話引起了王愷的懷疑，獅子山上都是石頭，怎麼可能挖出這麼大的地窖？老人所說的「地窖」會不會是古代皇陵的墓穴呢？地窖成了尋找楚王陵的重要線索。

考古隊員在老人已廢棄的地窖裡開始了尋找歷史的遺蹟，當探溝挖到地下3米時，發現了外墓道上人工開鑿的痕跡，它距離陪葬的兵馬俑只有500米遠。

楚王陵是一座坐北朝南的陵墓，規模宏大，掏空了半座獅子山。陵墓採用的是漢代流行的橫穴巖洞式，卻又開鑿了一個巨大的正方形天井，已發現的漢墓中從未有過這種構造，人們用鏟車、吊車清理天井中的夯土和填石，就用了三個多月時間。

專家們推測，這座規模宏大的楚王墓至少要花二十年才能完工。據史料記載，古代皇帝與王侯從即位起，

就開始為自己造墓，並且把每年從府庫中挑選的財寶放進墓裡，以致死後也陪伴他榮華富貴。這座天井就像奢華而美麗的大廳，一條高11米，長117米的墓道穿過天井通向山體深處。

此時，考古工作者都異常緊張，因為在這之前，他們開掘過八位楚王的陵寢。這些陵寢已經被盜掘過不止一次，他們不敢想像面前這座陵墓裡會什麼樣？一座寶庫，還是一座空陵？或者已經被盜墓賊破壞的慘不忍睹？

挖掘之初，考古人員在天井中部的填土中找到了一個盜洞，它斜向西北方向，直通向石門。盜洞外口小，僅能容身，裡面的直徑卻達到9米多。內墓道是由四塊一組，共四組石板嚴密地堵著，在一組石板上，可以清楚地看出當時盜墓人在一組石板上鑿成「牛鼻扣」，穿了繩子將每塊重6噸的石板硬拉出墓道，這種全憑人力的作為令現代人難以想像。

盜墓賊走時，也不是倉皇逃走，而是將盜洞的洞口填上、堵住。一般被盜過的墓葬裡總會留下點痕跡，可是這裡竟一點兒也沒有。

考古隊員們帶著照明燈爬進了墓道。當他們爬到墓穴深處，景象實在令人難以忘懷。

楚王安眠的王槨長2.8米、寬1.4米，上面鑲嵌著1600

多塊玉片拼合成的各種圖案、空白部位繪著漢代漆畫，已經被盜墓者砸開，裹著金縷玉衣的楚王已失去昔日的威風，被盜墓者毫無顧忌地拉了出來，剝下金縷玉衣，七孔中塞著的金玉和身上佩著的金印全都被拿走。

在古代，只有君王才配裝金縷玉衣。據說它可以使屍體不腐、靈魂不滅，是能讓人「永垂不朽」的葬衣。

陵墓裡的楚王也穿了一件金縷玉衣，但是已經被盜墓賊剝了下來，盜墓賊只拿走了衣服上的金銀，卻沒有動那些質地上乘、工藝精緻的玉璜、玉璧、玉牙沖和玉龍，經清查共有二百多件完整的玉器，這些東西任意拿出一件都是國寶。

盜墓者為什麼只拿走金縷玉衣上的金銀，卻不拿這些更值錢的玉器呢？

漢代的時候，對使用玉器有嚴格的等級規定，普通人沒有名貴的玉器，如果誰有，就等於告訴別人這些東西來歷不明，不是偷來的就是盜來的，會招來殺身之禍。正因如此，墓中的這些玉器才被完整保存下來。一件「絕品」的金縷玉衣，從此金玉分家。

值得慶幸的是，盜墓者僅在主墓室內進行了破壞，主墓室外的三間耳室沒有被盜，在這幾間耳室裡留下了可觀的文物。如果當年盜墓者再往深挖幾公分，那麼耳

室也會被掃蕩一空。

　　獅子山楚王陵是中國規模最大的墓葬之一，它集中出土文物1500多件，對研究漢代文化有著重要的作用。楚王墓的挖掘像許多遺蹟一樣，打開古墓只是窺視了歷史的一角，有待考古學家和歷史學家去研究探索其中的奧祕。

　　陵墓採用的是漢代流行的橫穴巖洞式，卻又開鑿了一個巨大的正方形天井，已發現的漢墓中從未有過這種構造，那麼楚元王劉交為什麼要採取這種獨特的修建陵墓的方式？他這種建築方式又是從哪裡學來的呢？

　　盜墓人是怎樣把每塊重6噸的石板拉出墓道的？這種全憑人力的作為令現代人難以想像。盜墓人走後，為什麼不倉皇逃走，而又將盜洞的洞口填上、堵住。一般被盜過的墓葬裡總會留下點痕跡，可是這裡竟一點兒也沒有。

Part
2

古城寶藏之謎

01 獅身人面像下的寶藏

在大金字塔腳下，通往吉薩高地的路上，坐落著一座巨大的岩石雕像，這就是舉世無雙的獅身人面像。也許是它旁邊的大金字塔太有名了，或是有關大金字塔的奇聞佚事太多了，以致於很長時間以來，無論是研究者還是旅遊者，都把它當做大金字塔的附屬品來看待。但是科學家透過多年的深入研究，認定這種說法是錯誤的。

獅身人面像全長73.2米，高2.3米，是全世界最大的雕像，經歷了多少年風雨，姿態依然優美。在相當長的一段期內，人們曾經以為獅身人面像是在公元前2600年左右，由埃及第四王朝時期的法老卡夫拉下令建造的。但隨著科學技術的不斷發展，有些科學家對獅身人面像

的建造年代及其用途做出了新的解釋。

近年來，比利時天文學家羅伯特·波法爾等人發現，整個吉薩高原上的古蹟其實反映的是公元前10500年的天象，而獅身人面像是其中一個不可缺少的組成部分。

獅身人面像的位置正對著公元前10500年春分的日出時獅子星座的方向，形成天獅與地獅對應的奇觀。而這一景象發生的時間，正是獅子座的時代。同時電腦模擬顯示，公元前10500年，春分點就處在獅子座後爪的正下方。

而根據古埃及神話傳說和一些文件記載，遠古時代的智慧經典仍被祕密隱藏在吉薩的某個地方。因此有人認為這顯然是一個不尋常的提示，把天象中的坐標轉換為地上的坐標，暗示那些遠古時代的寶藏就埋藏在獅身人面像下的岩石之中。

那麼，獅身人面像真是遠古時代遺留下來的一份藏寶圖標誌嗎？

它守護著的是否是人類遠古時代最重大的祕密呢？

電腦模擬顯示，公元前10500年，春分點位於獅子座後爪的下方。有人認為這是暗示著獅身人面像下方埋藏著某種遠古的寶藏。而根據埃及某些文件和神話傳

說，古埃及的智慧之神索斯，曾將遠古時代的知識寫成四十二卷經典，刻於石壁，藏入地下，留給後代那些「有資格得到這些知識的人」。而在公元前2400年埃及第五王朝留下的金字塔經文中，也記載著吉薩的地下封存著遠古時代的法老歐西裡斯的某種祕密。

要想揭開法老歐西里斯的祕密，需要先弄明白一個問題：獅身人面像的準確建造年代是什麼時代？如果解決不了這個問題，寶藏的事根本無從談起。

在這個問題上，科學界引起了爭論。按照傳統的觀點：獅身人面像是由公元前2600年的埃及第四王朝時期的法老卡夫拉下令建造的，其主要證據是1817年在獅身人面像附近發現的一塊石碑，碑文中刻有象形文字Khaf的字樣，比起卡夫拉的名字Khaf Re只少後面兩個字母，翻譯碑文的考古學家認為是這兩個字母磨損了，因此判斷為卡夫拉。

這塊石碑現在被豎立在獅身人面像兩隻前爪之間。這個卡夫拉也就是建造了第二大金字塔的卡夫拉，有些學者並認為獅身人面像的臉部就是卡夫拉的雕像。

但另一些科學家不這麼認為，他們解釋道：古埃及所有碑文中的法老名字都是用橢圓形圖案圈起來的，而這塊碑文中的khaf這幾個字母卻不帶橢圓形圖案。因此

這幾個字母是不是卡夫拉的名字還是疑問。

在歷史上，獅身人面像曾幾次被沙土掩埋到頸部。人們多次清除掉埋在雕像身體的沙土。那塊石碑是紀念為雕像清除沙土的法老圖特摩斯四世而立的，因此有人認為即使碑文中有卡夫拉的名字，也不能證明獅身人面像就是卡夫拉建造的，也可能卡夫拉只是為獅身人面像清除過一次沙土而已。

在吉薩發現的另一塊石碑即「庫存表石碑」碑文中說，法老胡夫曾看見過獅身人面像。而胡夫是卡夫拉的長輩，如果這一記載屬實，那麼獅身人面像的年代應早於卡夫拉時代。

1961年，法國學者施瓦勒最先發現，獅身人面像的頭部以下部分有明顯的被水侵蝕的痕跡。此後，美國考古學家魏斯特和地質學家修奇又進一步論證了獅身人面像被侵蝕的痕跡是雨水而非風沙造成的。

修奇從地質學專業的角度，對此作了深入細緻的研究，他指出在獅身人面像的部分壁體上，「侵蝕痕之深達2米左右，使得外觀看來蜿蜒彎曲，好像波浪一般，這是石灰岩經過幾千年激烈的風吹雨打的痕跡」。

現在吉薩高原一帶鄰近撒哈拉大沙漠，氣候乾燥，雨水稀少。不僅現在，而且據記載，從公元前3000年的

法老時代起，就一直這樣。

建在乾燥地區的獅身人面像上怎麼會被雨水侵蝕呢？

魏斯特的解釋是：「從第四王朝時代，也就是公元前3000年以來，吉薩高原上一直沒有足夠的雨水能造成獅身人面像身上的侵蝕痕跡，我們必須要回到公元前1萬年，才能在埃及找到足以如此大規模地侵蝕大石塊的壞天氣。因此，獅身人面像必定建造於公元前1萬年以前。

然而，既然獅身人面像是如此規模宏大而複雜的工藝品，我們可以推論：它必定是由一個高度文明所完成的，所以在公元前一萬年，埃及應該已經有一個高度文明。」

魏斯特的推論與氣象學家們對古代埃及氣候的研究完全相符。公元前1萬年前，撒哈拉沙漠尚未形成，遠至埃及還都是一片蔥綠的大草原，氣候比現在要濕潤得多。而在公元前10500年前後的兩三千年裡，當地開始不停地下雨，一直下到洪水來臨，等洪水過後環境發生巨大變化，氣候逐漸變得乾燥。直至公元前7000年後才有了一段雨水較多的時期，然後又回到漫長的乾燥期，直到現在。

從20世紀70年代起，霍夫曼、哈珊、溫道夫等地理學家、考古學家、史前史學家不約而同地在相關學科提

出了新的證據，證明在公元前11000年～公元前9000年
這段時期，尼羅河低地發生過多次大規模的洪水，對當
地產生嚴重的破壞，並將公元前13000年開始的古埃及
農業實驗成果也破壞殆盡。因此，如果獅身人面像確實
是遭到雨水侵蝕，那麼它必然是在大洪水之前或冰河時
代末期結束之前已經存在。

如果獅身人面像遠比卡夫拉的時代久遠，那它的臉
部就不是卡夫拉的雕像。1993年，一些學者邀請美國紐
約警察局專門鑑別嫌疑犯肖像的法醫高手弗蘭克·多明
戈對此進行鑑定。多明戈在幾個月中仔細地比較了獅身
人面像與卡夫拉雕像的上千幅照片，認為獅身人面像不
是卡夫拉。根據這個結論可以判定，獅身人面像是在大
約公元前10000年建造的。

那麼獅身人面像的寶藏究竟在哪裡呢？魏斯特對獅
身人面像進行了深入的觀察，他發現這個巨大的石像並
不是像過去有些人認為的那樣簡單地利用一個凸起的小
山包雕成的，而是在一塊高地上挖掉周圍多餘的岩石建
成的。

在施工時，先要沿著準備雕成獅形的石灰岩巨石的
中心點，開鑿出一道大塹壕，並將周圍的岩石全部切
除。因此，獅身人面像周圍的地面比吉薩高原正常的地

面要低好幾米，這也是導致獅身人面像在歷史上多次被沙土掩埋的根本原因。而這些切割下來的石塊，被運到附近建成「河岸神殿」。

魏斯特認為，在建造獅身人面像中可能使用了一些我們今天仍未掌握的技術。獅身人面像體積雖大，但只要有足夠的石工，雕刻起來並沒有什麼困難。最困難之處在於如何將雕像周圍的石頭切開，使雕像與地面分離。即使運用現代最先進的器械與技術，對此仍有很多問題無法處理。

1990年，美國地球物理學家托馬斯·多比奇等人在用地震測量儀檢測獅身人面像時，發現在獅身人面像身體下距地面5米處的岩床裡有一個12米長、9米寬的長方形洞穴。

由於這個洞穴呈規則的幾何形狀，與天然洞穴完全不同，多比奇認為這是一個人工洞穴。這一發現，進一步激起了人們對獅身人面像下埋藏的遠古寶藏的興趣。有些人立刻想到電腦模擬的天象圖中春分點在獅子座後爪下的位置，經過研究和比較，這一位置與獅身人面像下洞穴的位置基本相同。

1999年3月3日，埃及政府史無前例地在攝影機面前打開了埃及第四王朝卡蒙塔納比提皇后二世的金字塔。

在美國福克斯電視台向全世界的現場直播中，埃及考古學家哈瓦斯在獅身人面像前宣佈：他腳下確實有巨大的地下宮殿，即歐西里斯的神殿。他說：「地下宮殿共三層，前兩層是空的，真正的神殿在地下深處的第三層。神殿裡有四根巨大的石柱，包圍著一個置放在水池中的巨大石棺。」地下宮殿的宏偉令人歎為觀止，而石棺中藏的究竟是不是重大祕密或傳說中的史前典籍呢？

　　埃及有關部門對此表示「地下工程的挖掘工作遠沒有結束，現在才剛剛開始」。但實際上，他們並沒有立即著手安排挖掘，目前仍處於準備階段。

　　獅身人面像是整個吉薩高地表示遠古時代天象的古建築群的一部分，是獅子座時代指示春分點的標誌，同時在某種意義上，也起著藏寶圖的作用。

　　從它的設計構思、建造技術以及它蘊涵的天文學和數學訊息來看，它確實出於一個在太古時代就已高度發達的文明之手。而且，在它的地下宮殿中蘊藏的祕密不論是否是傳說中史前智慧的典籍，對瞭解人類遠古時代的文明史都具有不同凡響的意義。破解這一祕密，不僅是考古學家的渴望，也是世界上每一個人的渴望。

特諾奇蒂特蘭古城寶藏

西班牙殖民者科爾特斯帶領著軍隊開始征服墨西哥，他們企圖在幾天之內飛黃騰達，為了掠奪黃金，瘋狂地殺戮印第安人。為了免遭殺戮，印第安人在科爾特斯到來之前就準備好黃金。

科爾特斯的軍隊路過一個村莊，酋長主動獻出九千卡斯特諾黃金。然而，西班牙人卻認為，他們既然沒有動用任何武力就能主動交出黃金，一定還有很多，隨後下令將酋長綁在柱子上用火烤，逼他交出所有的黃金。

酋長忍受不了酷刑，交出餘下的三千卡斯特諾黃金。但西班牙人仍然不甘心，繼續用火烤，酋長骨髓都流出來了也不放過，直到最後活活被烤死。

另一位酋長主動獻出五萬卡斯特諾黃金，但是，這

倒引起了西班牙人更大的黃金欲。

科爾特斯率領軍隊向這個部落發起了猛烈的進攻，酋長組織起一兩萬印第安人應戰，但這些赤身裸體，用木棒、石頭當武器的士兵，根本不是侵略者的對手。酋長不得不俯首稱臣，他們除了給西班牙人大量金銀財寶外，又送去二十位年輕美貌的少女，其中包括酋長的公主瑪琳琪。

科爾特斯在墨西哥的暴行很快傳到了墨西哥首都特諾奇蒂特蘭城。當時國王蒙特蘇馬聽說西班牙人科爾特斯是白皮膚、黑頭髮，他戴的頭盔與太陽神頭盔一模一樣，誤以為是傳說中的從前墨西哥的統治者「知識神」奎薩克特回來報仇了，決定多給「知識神」一些黃金珠寶。

於是，派他的輔臣們將一大批黃金財寶送到科爾特斯駐地，獻上的第一個禮物是像車輪一樣大小的太陽金盤，上面雕刻著各種精美的圖案；第二個是比金盤還大的月亮銀盤；還帶去做工精細、十分逼真的金鴨子、金狗、金獅、金豹和十串精美的純金項鍊，最後獻上去的是幾件身上掛的飾物：十二支箭、一張帶弦的弓、二柄1米多長的權杖。所有這些東西也都是用純金鑄成的。

蒙特蘇馬的輔臣把所帶的金銀財寶全獻給了科爾特

斯，並說：「我們把全國最珍貴的金銀財寶都獻給你們了，我們的君主希望你們回去。」

但是這些稀世之寶並沒有滿足科爾特斯，反而勾起了他更大的慾望，他決定攻向特諾奇蒂特蘭城。浩浩蕩蕩的西班牙軍隊繼續向墨西哥首都特諾奇蒂特蘭城進軍。

西班牙人不顧征途的疲勞，順著湖中的堤壩來到城門前，這時蒙特蘇馬國王早已恭候在城門口，他坐在鑲有寶石的大金轎上。

科爾特斯騎著高頭大馬，手執寶劍來到蒙特蘇馬面前，蒙特蘇馬卻恭敬地把一條做工精美的金項鍊親自戴到科爾特斯的脖子上，說：「歡迎歸來之神。這是您的城市，所有的人民都盼望您歸來。過去的國王和人民一直替您守護著這片疆土和王位，現在您回來了，我甘心獻出王位。」

科爾特斯聽了滿心歡喜，軍隊被安置在華麗的王宮中。在城市中心的廣場上有一座雄偉的金字塔，西班牙人要在金字塔修建天主教堂，強迫阿茲特克人拆毀神廟，阿茲特克人說什麼也不肯，科爾特斯舉起身旁的鐵棒將太陽神像砸得粉碎。

他們在開挖地基時，發現了大量的黃金、白銀、寶石、珍珠。據說是在修建太陽神廟時埋在地下的，作為

鎮殿之寶。科爾特斯為了進一步控制蒙特蘇馬，決定把他軟禁起來，他親自帶領三十多名士兵和瑪琳琪來到蒙特蘇馬的宮殿，把國王挾往西班牙駐地。

科爾特斯以國王的名義發號施令，到處搜索黃金。他發現一個密室，那裡儲存著大批黃金、寶石，其中幾顆綠寶石更是珍貴無比。蒙特蘇馬的庫房更是令人驚歎不已，就是把這些黃金珠寶查看一遍也要用三天時間，這些黃金中大部分是製作精美的工藝品。

西班牙人的肆意橫行打破了阿茲特克人對科爾特斯的崇拜，他不是「知識神」，而是強盜。憤怒的阿茲特克人為國王的軟弱感到恥辱，並推選蒙特蘇馬的弟弟奎特拉瓦克為國王。

奎特拉瓦克決心把西班牙人趕出王宮，他組織了幾萬名阿茲特克人包圍了王宮，經過三天三夜的戰鬥，西班牙人慘敗，已經彈盡糧絕。科爾特斯讓蒙特蘇馬出來講和，蒙特蘇馬剛一露面就遭到雨點般石頭的襲擊，一塊石頭正打中他的太陽穴，倒地死亡。西班牙人講和的希望破滅了，科爾特斯意識到唯一的生路就是突圍。

晚上，科爾特斯把獻給西班牙國王和自己想要的黃金拿出來，讓受傷的馬馱著出城，餘下黃金歸士兵所有。士兵們撲向財寶堆，貪婪地把所剩的黃金捆在自己

的身上。

西班牙人趁著雨夜偷偷地撤出王宮，但沒想到他們的行動早被阿茲特克人發現了。當科爾特斯率領士兵剛一走向堤壩，阿茲特克人就發出憤怒的咆哮聲，接著，石頭、箭、矛紛紛飛來，西班牙士兵為躲開飛箭、石頭的襲擊，紛紛跳進湖裡。然而身上捆著黃金的士兵沒有掙扎幾下就沉入湖底，他們為黃金而來，又死於黃金，是應得的下場。科爾特斯和瑪琳琪在幾個軍官的掩護下衝出重圍，在他後面零星地跟著幾個士兵，跟跟蹌蹌地逃向原來的基地。

第二天，阿茲特克人打掃戰場時，從西班牙士兵的死屍上、馬背上卸下了大批黃金和寶石。為了防止這些黃金珠寶再被西班牙人掠奪，奎特拉瓦克國王將其沉到湖底。

第二年，科爾特斯率領軍隊捲土重來，他們包圍特諾奇蒂特蘭城，斷絕交通，使外面的物資送不進去，又破壞了水源，使城內無清水可飲。此時的國王是新登基的瓜特蒙克，他率領阿茲特克人同武器優良的西班牙軍隊激戰了一個多月。他們多次想突圍出去，但每次都失敗了。

瓜特蒙克國王為了保護這座美麗的城市和他的臣

民，想與科爾特斯講和，但是大臣們反對。兩個月過後，陷入重圍的特諾奇蒂特蘭城走向絕境。科爾特斯多次發出要他們投降的信號，但沒有一個人願意屈服。

科爾特斯如果不狠心破壞這座全世界最美麗的城市，他們絕對無法結束戰爭。西班牙人終於攻佔了中央地區，瓜特蒙克兵敗被俘。科爾特斯對瓜特蒙克和祭司施行火刑，逼迫他們說出寶藏埋在哪裡。但是他們寧死不屈，到死也沒有說出藏寶的位置。

西班牙殖民者為了攫取黃金寶藏，侵略阿茲特克人居住的墨西哥，毀滅了他們的首都特諾奇蒂特蘭城。

瘋狂的西班牙暴徒將墨西哥的黃金、珠寶洗劫一空，又放火燒燬了這座世界名城。阿茲特克被征服了，美麗壯觀的特諾奇蒂特蘭城也在地球上消失了。

奎特拉瓦克國王為了防止西班牙人掠奪，把大量的黃金珠寶沉入了湖底，但是後人並沒有找到這個湖，這是奎特拉瓦克國王為了保護黃金珠寶編造的謊言，還是的確把它們沉入了某個湖裡？奎特拉瓦克國王後來把寶藏藏在哪裡？至今仍是一個未解之謎。

03 尼姆魯德古城寶藏

伊拉克位於底格里斯河與幼發拉底河兩河交匯沖積而成的美索不達米亞平原。美索不達米亞為古希臘語，意為兩河流域。

公元前5000年，蘇美爾人開始在兩河流域定居，從事農耕與貿易活動，他們發明了楔形文字，創造了人類歷史上第一個文明形態——美索不達米亞文明。它的時間早於古埃及、古希臘、古中國和古印度的文明。

緊隨蘇美爾人之後的是巴比倫文明和亞述文明。公元前3000年左右，來自阿拉伯半島的亞述人在伊拉克北部的兩河流域定居，與在南方的巴比倫成為美索不達米亞平原上兩種強有力的部落。

巴比倫持續幾個世紀都比較強盛，可是，公元前

1350年左右，巴比倫王國逐漸衰落，亞述人卻在國王尼拉利的統帥下迅速擴張，建立起強大的軍事帝國。

今伊拉克北部地區的「亞述四城」——亞述、尼尼微、尼姆魯德、摩蘇爾分別是昔日帝國的宗教、政治、軍事、貿易中心。

公元前627年，亞述開始衰落。公元前605年，巴比倫國王尼布甲尼撒擊敗了亞述的殘餘部隊，從此，亞述國王消失在歷史的廢墟之中。

《聖經》中寫道：「耶和華必伸手攻擊北方，毀滅亞述，使尼尼微荒蕪，乾旱如曠野。」曾經的預言不幸而成為事實。但亞述王國的榮光卻因《聖經》的記載而名垂青史，並且令西方人如醉如癡。

有如此古老而悠久的歷史，因此，伊拉克境內有一萬多個文化遺蹟，一向被考古學家視為富礦。尼姆魯德是其中的一座古城遺址。尼姆魯德曾是亞述帝國的都城，後來都城遷往尼尼微後，尼姆魯德成為亞述的軍事中心。

自16世紀以來，美索不達米亞一直屬於奧斯曼帝國，1847年，英國人勒亞德發現了尼姆魯德遺址。不過，直到「二戰」後尼姆魯德才得到大量挖掘。

當時主持挖掘這座古城的考古學家瑪勒萬這樣寫

道：「這是亞述文化最美麗的城池。神殿、廣場、植物園、動物園相得益彰，規模浩大，而且沒有被現代人染指過。」

20世紀80年代，考古學界在尼姆魯德又有驚人的發現，人們在尼姆魯德的四座皇家陵墓中挖掘出數百件亞述時期的金飾。這些公元9世紀時期的大量文物令見多識廣的考古學家歎為觀止。

第一座陵墓中安葬著一位50歲左右的婦女，石棺在考古學家發現時仍然密封完好，她的陪葬品有大量的黃金飾品和珠寶首飾。距離它100多米的第二座陵墓埋葬著亞述國的一位國王和皇后。

陪葬品之豐厚更令人咋舌：一頂金光燦爛的黃金王冠、一條金絲髮帶、79個耳環、30只戒指、14個臂環、4只腳鐲、15只金製器皿，以及許多的金鍊等。除了價值連城的珠寶首飾還有大量歷史文獻和壁畫，都是無價之寶。

另兩座陵墓也有不少珠寶首飾。所有墓室中都繪有大量生動精美的壁畫，表明亞述王國曾有高度發展的文化。在人們的印象中，亞述王國似乎是一個比較野蠻、窮兵黷武的國家，那是因為亞述國很少有文獻資料流傳下來，我們只能從其敵對國留存的文獻中獲得一知半解

的印象。

然而，從這些考古發現中人們瞭解到，那些記載並非完全忠於歷史真實。尼姆魯德珍寶一經展出就引起世界轟動，有識之士指出，這批新出土的文物很可能將改寫以往過於武斷簡單的亞述歷史。

可惜的是，飽經滄桑的亞述文明在現代社會仍然歷盡坎坷。

1991年，波斯灣戰爭開打，戰爭不僅毀壞了伊拉克人民的家園，也使伊拉克境內的文物令全世界的考古文物界擔心不已。

那些價值連城的尼姆魯德珍寶自然難逃此劫，不知去向，自從那次短暫展出後就再也沒有露面。直到2003年，尼姆魯德珍寶才再次重現人間。

伊拉克有關方面和一些考古學家在倫敦召開的一次學術會議上，第一次將因為海灣戰爭而中斷的對尼姆魯德的四座皇家陵墓的挖掘成果公諸於世。

原來，美國調查人員在伊拉克中央銀行的祕密地下室裡無意中發現了這批珍貴文物，所幸雖經歷戰爭的硝煙依然保存完好。

7月3日，在伊拉克首都巴格達國家博物館舉行了一場尼姆魯德珍寶的小型展覽，其中就有亞述皇后的那頂

黃金皇冠。人們在這些珍寶面前流連忘返，驚歎不已。

　　面對二千多年前人類文明的精美成果，人們不禁慶幸幾千年的滄桑巨變，它們仍然能如此完美無缺。

●┈┈┈┈┈┈┈┈┈┈┈┈┈┈┈┈┈┈┈┈┈┈┈┈┈┈┈┈┈┈┈

　　人們從亞述王國流傳下來的很少資料中得知，亞述王國是一個比較野蠻、窮兵黷武的國家。可是從尼姆魯德的皇家陵墓中出土的壁畫，可以斷定亞述王國曾有過高度發展的文化。是人們歪曲了亞述王國高度文明的歷史，還是這些壁畫並非亞述王國時期的作品呢？

04 愛多拉都古城寶藏

西班牙人入侵印加帝國，殺害了印加皇帝阿塔雅爾帕，瘋狂地搶奪印加人的金銀財寶。在西班牙人還沒有攻入印加首都庫斯科城時，印加人就把他們的財寶藏了起來。

阿塔雅爾帕的弟弟曼科幸運地逃出庫斯科城，組織了一支強大的軍隊，與西班牙軍隊作戰。後來他又在他的幾個兒子的支持下與西班牙人抗爭了三十六年。

這些印加人陸續進入安第斯山脈的幽深峽谷，他們攜帶著巨額黃金，建立了另一座城市作為印加帝國最後的避難所。但是，隨著這些進入峽谷的印加人最後消失，特別是他們的皇帝死去之後，彷彿把這個傳說中的城市和避難所的所有藏寶祕密都帶進了墳墓。

　　有人粗略地估計：被印加人隱藏起來的黃金，是從公元11世紀以來十四個印加皇帝聚斂的財富，其價值相當於16世紀至19世紀初祕魯金礦所開採的黃金總和。

　　印加帝國最後的避難所究竟在哪裡？那些印加人的黃金又埋藏在哪裡？

　　瘋狂喜歡黃金的歐洲人，不顧生命危險進入南美叢林，他們下定決心一定要找到那座遍地鋪滿黃金的城市。

　　西班牙人塞瓦斯蒂安・德・貝拉卡薩，在當年侵略印加帝國的戰爭中，遇到過一個年邁的印第安人酋長。酋長告訴他，在遠處有一個「黃金國」，那裡所有的東西都是用黃金製成的，國王用金粉灑遍全身，然後在一個聖湖裡洗浴。匆忙之中，貝拉卡薩聽酋長說那個國王叫「多拉都」，意思就是金人。後來，這個名字又被訛傳成遍地黃金的「愛多拉都」，成了傳說中的黃金國的名字。

　　1536年，西班牙人奎薩達率領九百人的探險隊從哥倫比亞北岸的聖馬塔向內地進發。聖馬塔省總督派給他的任務是沿馬格達倫納河南下勘探。

　　奎薩達探險隊在密不透風的森林裡前進，要用彎刀開闢道路，森林裡還經常有大蟒蛇和短吻鱷出沒，驚險重重。在熱病、瘧疾和土人的侵襲下，隊員不斷傷亡，

全隊人數已經不到二百人。就在他們精疲力竭，無法再支撐下去的時候，突然來到了一處肥沃的山谷。山谷裡種植著各種糧食作物和堅果。

他們進入了散佈在哥倫比亞昆地納瑪邊高原上的齊布查部落。當時的齊布查部落有三位部族國王。西班牙人打敗最南部的國王軍隊後，發現很多黃金和綠寶石。這時，來了一名印第安人，他告訴他們，如果想找到黃金和綠寶石應該往北去，那裡盛產這兩種東西。

奎薩達率隊向北前進，先後征服了餘下的兩個齊布查國王，找到幾千顆寶石。然後，這些西班牙人來到齊布查族的索加莫索村，看到一座祭祀太陽神的廟宇。廟裡存放著許多齊布國王的木乃伊。木乃伊的眼窩裡塞著綠寶石，乾枯的遺體上覆蓋著黃金飾物。

奎薩達非常吃驚，他簡直不敢相信在這樣閉塞的地方隱藏著如此多的黃金飾品。於是，他們找來一名齊布查人詢問，哪裡有更多的黃金。這個人告訴他們，這些黃金是他們用鹽塊向一個印第安部落換來的。他還告訴他們，離這裡不遠的地方有個瓜地維塔湖，在湖上每年舉行一次神奇的儀式，就是黃金人慶祝大典。

祭典非常隆重。祭祀以前，酋長要在全身上抹上一層類似樹脂的東西，然後人們替他從頭到腳吹遍金粉，

於是他立即變成一位「金人」。接著人們簇擁「金人」酋長來到瓜地維塔湖畔，登上停在岸邊的木筏，筏到湖中心，酋長在莊重的儀式中，沐浴朝拜，從木筏上躍入湖中，把身上的金粉洗乾淨。

這時，參加儀式的所有族人，把身上的黃金手飾和綠寶石紛紛投入湖中，奉獻給女神。年復一年，湖底堆滿了黃金和綠寶石。

這個故事把奎薩達聽得垂涎三尺，他斷定故事中的地方就是傳說中的黃金國。他立即帶著軍隊出發，向齊布查人所指的方向尋找「黃金湖。」後來，他們在海拔近3000米處的一個火山口附近找到了一個湖，附近有幾間小屋子，卻根本沒有黃金國的蹤影。

其實，這只是多年來流傳在印第安人中的一個傳說。

傳說有人在「黃金湖」水底發現了許多金磚和綠寶石，有人看見鍍金人每天傍晚都要沉入湖水裡，洗去身上的金粉。

除了黃金，穆依斯克人不會開採和冶煉其他任何金屬。因此在他們的廟宇之中往往有許多黃金製品，這也許就是所謂「黃金國」的傳說來歷。

人們為了一個傳說不辭辛勞，冒著生命危險，不停地奔波尋找著。

　　在亞馬孫河畔的熱帶叢林裡，奎薩達不是唯一的歐洲探險隊，還有兩支歐洲探險隊也為了尋找愛多拉都奔走在叢林裡。

　　一支隊伍由西班牙人貝拉卡薩率領，最初就是他從印第安老人那裡聽說黃金人多拉都。

　　另一支隊伍由德國人費德曼率領的四百人組成的探險隊。費德曼深入崇山峻嶺搜尋了三年半，結果一無所獲。

　　1539年，這三支探險隊在昆地納瑪迎高原不期而遇。他們商定在波哥大會面，然後返回西班牙。

　　可是，他們三個人的黃金夢都沒有實現。德國人回去後悄然死去；貝拉卡薩最後弄得聲名狼藉，然後死去。奎薩達仍然念念不忘他夢想中的黃金國。

　　二十年後，已經步入老年的奎薩達再次率領一支二千八百人的探險隊前往哥倫比亞。經過三年艱苦搜尋，結果一無所獲。

　　由於黃金的吸引力和誘惑力，傳說中神話般的愛多拉都，到後來竟然被歐洲人繪製在哥倫比亞、委內瑞拉、巴西成豐亞那的地圖上，它只是來自傳說，所以可笑的是其位置始終無法確定。

　　此後的三百多年間，先後有幾百支探險隊，懷著永

不破滅的黃金夢來到了南美叢林，但進去的多，出來的少。有些人在印第安人的廟宇和陵墓中找到了一些黃金器具，但更多的人則是空手而歸或客死他鄉，那個神祕的「黃金國」始終沒有找到。

19世紀，德國學者彼德率領一支探險隊，在哥倫比亞的昆迪瑪加高原找到了真正的瓜地維塔湖。這個消息又掀起人們對尋找黃金的熱潮。先是一支西班牙探險隊在較淺的湖水中撈出了一些黃金製品。

接著，英國一家公司投資十五萬美元購置了當時最先進的設備，來到哥倫比亞，企圖抽乾瓜地維塔湖的湖水，找到傳說中「黃金國」的人們投到湖底的黃金。經過多次抽吸，露出了部分湖底，但找到的黃金很少，還不夠支持一半探險隊的費用。

此後法國、美國、哥倫比亞的探險隊也都來到到這裡，試圖抽吸湖水，尋找黃金，但也都沒有成功。後來，哥倫比亞政府下令禁止在湖裡打撈、抽水，並派軍隊封鎖了瓜地維塔湖。這樣，黃金國的湖底寶藏便成了一個無法揭開的謎。

此後，人們逐漸對黃金國的傳說失去了興趣。這時，事情又發生了新的變化。

兩名哥倫比亞農場工人在波哥大附近的一個洞穴

裡，竟然發現了一件純金製成的印加古代遺物：一個木筏上站著九個人像，其中周圍八個頭戴金飾，似乎是貴族和侍衛，中間一個高大的人像裝飾異常豪華，肯定是國王本人，這好像就是根據黃金國慶典的場面塑造的模型。它使人相信，那個黃金國的傳說也許並非虛構，但是它在哪裡呢？

的的喀喀湖位於玻利維亞與祕魯交界處，是印加人崇拜的太陽神下凡到人間創建的印加帝國的聖地。他們稱的的喀喀湖為「聚寶盆」。湖畔周圍蘊藏著豐富的金礦，印加人把開採出來的黃金經過冶煉後製成黃金裝飾品。

1533年，皮薩羅曾派一部分殖民軍到的的喀喀湖尋找過印加人的金寶，但是他始終沒有找到被印加人隱藏起來的黃金。

有人推測，當年有些印加人帶著印加黃金巨寶和歷代印加皇帝和皇后的木乃伊來到的的喀喀湖畔，乘坐蘆葦筏子祕密地劃向湖心。一位祭司端莊地站在筏子上對天禱告一番，然後命令印加人將所有帶來的黃金珠寶一件件投入了湖中。印加人寧可讓財寶永遠沉在湖底，也不願讓它們落入西班牙人手中。

人們還有另一種推測，印加人極有可能把財寶埋藏

在馬丘比丘。

相傳當年印第安人為對抗皮薩羅的侵略，撤退到安第斯山深谷裡，在那裡建立起一座城堡，將1575萬磅黃金埋藏在城市附近。但是三百年來，人們都未曾找到這座傳說中的城堡。

1911年，美國耶魯大學研究拉丁美洲歷史的年輕助教海勒姆・亞・賓厄姆發現了這座失蹤四百年的古城。使雲霧古城馬丘比丘終於露出了真面目，成為當今世界上最重要的名勝古蹟之一。

賓厄姆經過實地考證後認為：馬丘比丘是印加傳說中的聖城，是印加文明的搖籃。相傳它是古代阿摩達王朝的根據地。

13世紀初，該城堡出現一個印加王曼科・卡帕克，自稱是太陽的兒子，從此開始了印加帝國長達三百多年的統治。曼科・卡帕克一世從馬丘比丘出發，向安第斯山脈的遠征，後來佔領了舊城庫斯科。

隨著他地位的鞏固和疆域的擴大，他便在發祥地大興土木，建築了馬丘比丘大石牆垣。後來，卡帕克一世的王位傳到第三代圖帕克・阿馬魯手中。

1572年他在與西班牙人作戰中陣亡，印加帝國就此覆滅，馬丘比丘也被湮沒了。至於藏在它附近的印加寶

藏更是謎中之謎。誰知道這些黃金藏在哪裡？

1535年西班牙殖民特使魯伊‧迪亞曾與最後一個印加皇帝談判，皇帝叫人拿來一碗玉米粒，他把它們倒在地上，撿起一粒給迪亞，象徵著西班牙人拿走的印加黃金。他又指著地上的玉米對迪亞說：「這就是印加人留下來的黃金。只要你們徹底退出印加帝國，我可以把這些都給你。」可是，由於西班牙人的貪婪，並沒有達成協議。

印加帝國最後的避難所究竟在哪裡？印加末代皇帝一定知道黃金的下落，他把印加黃金藏到哪裡了？在他臨死之前，有沒有把藏寶地點告訴別人呢？這些都無人知曉，是不是現在仍有人堅守著印加黃金寶藏的祕密？

05 海底的「法老城」寶藏

在古埃及眾多撲朔迷離的奧祕中，有一個謎多年來一直吸引著考古學家和尋寶者，那就是失落的「法老城」。

從遠古時代的文學作品中，曾多次提到在地中海邊有過一個繁華的埃及「法老城」。

希羅多德所著的《歷史》裡，詳細地描述了進入古埃及「法老城」的見聞，如港口伊拉克利翁和城中壯觀的「大力神」廟宇殿堂。

古希臘地理學家們又進一步描述了「法老城」的城市建築和城市居民們富庶的生活，他們都提到了「法老城」裡的伊拉克利翁港口。按史詩中的描述，伊拉克利翁是當時地中海最繁華的港口城市，而「法老城」則是

世界上許多宗教的朝聖之地。那裡的人們崇拜天上的星星，常常自稱祖先來自「神祕的天上」，他們的祖先甚至還給他們留下了神祕的「文明」，使他們過著非常文明、富足和安逸的生活。

可是這個強盛富足的城市，卻在2500年前神祕地消失了。

令人驚奇的是，在希臘文學作品中從來沒有提起過「法老城」是何時興起的？哪個法老建造的？法老城的具體位置在哪裡？居住在這裡的人們究竟從何而來？而在希臘的正史和古埃及的正史中，都沒有「法老城」的任何文字記錄。

難道這僅僅是古希臘的一個美麗的傳說，一個誘人的童話故事嗎？

從施里曼挖掘出特洛伊古城後，人們開始相信希臘的史詩神話傳說並不是神話。同時，也激起了考古學家們探尋「法老城」的強烈慾望。

20世紀末，一個由世界頂尖級考古學家組成的考古隊宣佈，經過長達十幾年的努力，他們在埃及北部的亞歷山大港海岸發現了一座城市，可能是「法老城」的遺址。

這條驚人的消息馬上成了世界各地的頭號新聞。一

時間，埃及的亞歷山大港頓時熱鬧非凡，世界各地的考古學家、歷史學家、尋寶者蜂擁而至。

亞歷山大是埃及托勒密時代至6世紀的都城，現在是埃及第二大城市和主要海港。亞歷山大城的建造可追溯到公元前4世紀。

公元前332年冬，亞歷山大攻克腓尼基的推羅城之後，進軍佔領了埃及。他在前往西瓦綠洲謁拜阿蒙神廟時，看到了一個名叫拉庫台的小漁村，他發現那裡地勢平坦，交通便利，決定在此修建一座以他的名字命名的城市。

後來，這座城市不斷發展擴大，到托勒密一世時已發展為埃及經濟、文化最繁榮的地區，成為整個地中海世界和近東地區最大、最重要的一個國際轉運港。其規模超過迦太基，一度為希臘文化的中心之一。

這個由埃及和歐洲學者聯合組成的考古隊宣稱，他們在亞歷山大灣馬木路克要塞附近的一座城堡下，發現了破碎的法羅斯燈塔的殘留物之後，依靠高科技探測設備，他們不僅在岸上繪製出了「法老城」的地形圖，還在水下看到「法老城」那些巨大的石碑上的象形文字。

這個考古隊在亞歷山大港宣佈：失蹤了2500年的埃及「法老城」終於被發現。

當身著潛水服的考古學家潛入海底時，被眼前的景象震懾住了：保持得完完整整的房子，富麗堂皇的廟宇、宮殿、先進的港口設施和描述當年市民生活的巨型雕像，就像一座被時間驟然凝固的城市。

巨型雕像展示當年「法老城」的居民過著極盡奢華的生活。還發現了生育女神伊西斯雕像，依據這座雕像，法國的古埃及學家認為，這個法老宮殿應屬於埃及女王克婁巴特拉，因為女王極其崇拜伊西斯女神，並曾要求她的國民稱她為「新伊西斯」。

專家們在海底發現了兩千多具古代雕像和石材，其中有托勒密王朝二世時期製作的獅身人面像的頭部，重達5噸。他們還發現了獅身人面像的底座。底座長3.5米，其側面刻有托勒密王朝二世的稱號。在獅身人面像的胸部也發現了同樣的稱號。據報導，這次在海底發現獅身人面像共有十二座。

考古隊對馬木路克要塞周圍約2.25公頃的海底進行了考察，除發現了獅身人面像外，還發現了其他大量巨型石雕。他們在海底對發現的雕像進行全面檢測後，得知其中的雕像為紅色花崗岩所制，僅身體部分就高達6米重達12噸。據此標準推算，這個雕像原高應為13米。

專家們驚異地發現，像這樣的雕像竟然是一組雕像

群。他們呈一字形靜靜地躺在海底，有的雕像僅僅頭部就重達800公斤。因亞歷山大港周圍水污染較嚴重，雕像已受到了相當程度的損害。許多石材上都刻有大量的象形文字和符號，但因歲月和水下的腐蝕，有些文字已辨認不清。

這次在海底發現的大量石材上都刻有托勒密二世的稱號，那麼托勒密二世是何等人物呢？

托勒密二世是埃及托勒密王朝的第二代國王，托勒密一世之子。公元前332年，亞歷山大大帝決定建造這個城市時，任命他部下的大將、也是他的朋友托勒密駐守埃及。亞歷山大死後，托勒密成為埃及總督，後來稱王。

托勒密死後，托勒密二世繼承王位，成為托勒密王朝的國王。在此期間，他擴建了著名的亞歷山大圖書館，大力資助博學院，在博學院不僅研究哲學和文學，而且研究自然科學，使得當時的亞歷山大城不論在文化藝術還是在自然科學方面都處於領先地位。

但真正令所有的考古學家驚奇的是，他們在海底還發現了不少早於托勒密王朝二世的文物。如重達5噸、兩面均刻有法老塞提一世像的巨大石材，從塞提一世在位年代來看，該石材距今已有三千多年歷史，比亞歷山大的法羅斯燈塔要早一千多年。

　　塞提一世是個大名鼎鼎的埃及法老，他統治埃及時，領導埃及人開採礦藏，挖掘水井，重修廟宇，為埃及的繁榮做出了巨大的貢獻，帶來了埃及歷史上的「復興時期」。因此，他被譽為埃及歷史上最富有的法老。

　　在這座「法老城」中還發現了古埃及的方尖碑。方尖碑用粉紅色花崗岩雕鑿而成，高1.44米，其尖端為金字塔形狀，是方尖碑中最神聖的部位。方尖碑下半部還用象形文字刻有埃及法老塞提一世的名號和他統治埃及十九王朝守護神的形象。

　　有關專家肯定，這件文物應該有三千多年的歷史。埃及考古權威阿里‧賈巴拉興奮地說：「這是海洋考古史上最偉大的發現。古埃及的神祕從地上到海中，實在太豐富了。」

　　「法老城」是誰建造的？目前有幾種不同的說法。

　　有人認為，水下發現的眾多石像都刻有托勒密二世的稱號，因此這座城市應是托勒密二世建造的，建造的時間應在公元前3世紀初。有人根據伊西斯女神像的發現，認為是埃及女王克麗巴特拉所造，如果是這樣，建造時間應是公元前30年之前不久。

　　大多數考古學家根據目前打撈出的文物判斷，「法老

城」大約修建於公元前7世紀~公元前6世紀。還有一些人認為，從某些水下巨石上雕刻的塞提一世雕像及其稱號來看，「法老城」的建造應在塞提一世在位時或更早的時代。

「法老城」究竟是怎樣消失的？研究者認為，它似乎是毀於一場突發的大規模災難。仔細觀察海底的這座城市，人們發現一個奇異的現象，所有靠城邊的房子和牆都倒向同一方向。為什麼會出現這種現象？

研究者認為，可能是在2500年前的某一天，一場突如其來的大地震發生在「法老城」的中心地帶，隨著一陣驚天動地的震顫，整個城市迅速毀滅。城中生活的居民及其廟宇、宮殿、無數巨石雕像和珍寶一起沉入了海底。

由於整個遺址都被埋在1~1.5米厚沙層內，許多寶藏都被層層纏繞的海藻和厚厚的沙層所覆蓋，人們還沒有辦法可以窺見「法老城」全貌，也沒有找到證實該城建造年代的可靠證據。但是有一點可以肯定，雕刻著塞提一世稱號的雕像至少有三千年的歷史，比托勒密二世時代要早一千年。

令人疑惑的是，「法老城」就沉落在海岸邊，水深也只有30米，能見度也不算太低，它們怎麼可能在海底沉睡幾千年之久呢？

06　撒哈拉沙漠裡的寶藏

　　非洲的撒哈拉沙漠，一直以來都是一片令人望而卻步的神奇土地。這裡常年乾旱，寸草不生，是一片人類足跡罕見的地方。

　　可是20世紀初，法國殖民軍科爾提埃大尉和布雷南中尉等幾名軍官，在阿爾及利亞阿爾及爾南部一個還沒有被征服的地區巡查時，卻偶然發現了一些不為人知的壁畫。

　　這些壁畫的作者會是誰？為什麼要在人類罕至的地方留下這麼多壁畫呢？當時的布雷南中尉心裡也在想這些問題。

　　據布雷南回憶：「1933年，我在率領一個駱駝小分隊偵察塔西裡高原時，接二連三地發現了好幾個『美術

館』，展品真不少！內容有獵人、車伕、大象、牛群以及宗教儀式和家庭生活的場面。我被這些畫面深深地打動了，於是就花了大量時間用速寫描下了這些藝術品。」

當布雷南將這些速寫畫拿給法國的考古學家和地理學家們觀看時，他們感到非常興奮。因為這證明，撒哈拉大沙漠並不像人們想像的那樣一直荒無人煙，這裡曾經有過水源，人類曾經在這裡生存過。

撒哈拉壁畫位於阿爾及利亞境內撒哈拉沙漠中一個名叫塔西里的荒涼高原上，故又名塔西里壁畫。

看過布雷南速寫畫的人當中，有位著名的探險家亨利・洛特。他花了一年半時間考察塔西里地區，並和散居在這一帶附近的土著人阿雷格做了朋友，這個土著民族至今仍散居在這塊河流乾涸的土地上，過著自由豪放的生活。

在一些數萬年前被雨水沖刷成的巖洞裡，他發現了眾多保存完好的壁畫。這些壁畫記錄了史前時代許多有趣的事情：赤身的獵人在射箭，圓頭顱的武士投擲長矛，平靜的牧人腰繫圍裙、戴著埃及式的頭巾、手持號角在放牛，還有令人不可思議的獨木舟。洞壁上還繪有許多動物，有的早已從地球上消失；還有如犀牛、河馬、鴕鳥、長頸鹿等，也早已在當地不見蹤跡。

　　面對這些史前人類創造的輝煌傑作，洛特的心情異常激動。他決心將這些藝術品按原樣臨摹下來。但是只憑一個人的力量是辦不到的，他決定組織一支考察隊完成這項任務。可是亨利・洛特是一個小人物，連中學文憑都沒有，誰會響應他的號召呢？為此他進入巴黎大學半工半讀，獲得了博士學位。這時第二次世界大戰爆發，洛特在戰爭中脊椎受傷，臥床十年，臨摹塔西里藝術品的計劃只好擱置。

　　1955年，洛特恢復了健康，他四處奔波，得到法國一些科研機構和政府部門的支持和資助，組建了一支由四名畫家、一名攝影師和一名懂柏柏爾語的年輕女子組成的考察隊，歷盡千辛萬苦來到塔西里。

　　這裡的自然環境十分惡劣，晝夜溫差懸殊，空氣乾燥，白天常常是狂風呼嘯，沙礫飛揚，令人不堪忍受。而塔西里的巖畫零散分佈在洞壁的突出部位以及彎曲懸空的岩石上，有些畫還轉過犄角，跳過裂縫。

　　為了把這些畫準確無誤地臨摹下來，考察隊員們忍受著嚴寒和酷暑、缺水和孤寂，在與世隔絕的荒漠中，常常不得不連續數小時乃至數日跪著或躺著工作。

　　工作持續了一年，這裡的天氣變冷，考察隊員疲憊不堪，被迫停止工作。第二年，洛特又招聘一些熱情高

昂的年輕人重新開始工作。最後，他把複製的1500平方米的壁畫帶回巴黎，這些都是迄今所發現的史前最偉大的藝術的臨摹抄本，隨即，在羅浮宮展出了這些史前藝術珍品，令參觀者為之震驚，同時又為史前人類能夠創造出如此美妙的藝術品感到不可思議。

塔西里的巖畫共有數萬件彩繪畫面和雕刻圖案，大部分壁畫表明撒哈拉沙漠曾是一片水草豐茂、牛羊成群的世外桃源。最早的壁畫可以上溯到中石器時代，距今約一萬年，最晚的壁畫大約屬於公元前後的作品，前後延續了近萬年。

巖畫中最古老的畫面是生活在公元前8000年至公元前6000年前的史前人類繪製的，筆觸稚嫩，描繪的一些絳紫色的小人，體型極不勻稱，頭顱又大又圓，而腿和胳膊細如蘆柴。他們可能是那些以狩獵和採集為生的黑色人種描繪的，因為巖畫中有文身和戴著假面具的人物，這種風俗習慣與黑人的完全相同。

在洞穴中有一個高5.5米的巨人畫面，兩隻手，圓頭，聳著肩膀，頭上似乎貼了四塊金屬片，臉上沒有鼻子，兩隻眼睛七歪八扭，彷彿畢卡索的作品，因為其他數千幅壁畫圖案都不是很寫意的，唯獨這幅巨人像特別抽象，洛特百思不得其解，於是給他取名叫「火星神」。

瑞士哲學家豐·丹尼肯認為大火星神穿的不是宇宙服就是潛水服，而且頭上戴著球形頭盔安裝有天線，顯然是星外來客。其實看似頭盔和天線的東西，實際上是裝飾著羽毛的頭巾，況且在凹凸不平的巖面上的人物畫不一定是按照垂直方向整齊描繪出來的，所以丹尼肯將它推測為宇宙人牽強附會的。

這一時期巖畫中，無頭的人物、奇形怪狀的物品比比皆是，類似的畫面在西亞安納托利亞高原地帶新石器時代早期的遺蹟中也有發現，然而大多數都無法解釋。

大約從公元前5000年至公元4000年，塔西里巖畫作品中，出現了放牧牛羊、半圓形房屋、舞女、戰爭以及日常生活等場面。據推測，這些巖畫是由至今仍生活在撒哈拉沙漠南部的法爾拜族人描繪的，因為無論從髮型、帽子、武器、住宅，還是從一夫多妻制等方面來看，兩者完全相同。他們在撒哈拉牧草豐茂的時候趕著牛群，由東非遷徙而來。這一時期塔西里的繪畫藝術達到巔峰。

公元前1500年前後，撒哈拉的氣候開始變得乾燥，溪谷斷流，綠洲乾枯，嚴酷的自然環境不再適宜放牧牛羊。法爾拜人為尋求新的牧場向南遷徙，另一支使用馬車的民族接踵而至。

　　塔西里巖畫中的兩輪馬車揭示了這一神祕的變化，這些兩輪馬車並不是用來運輸貨物的，而是用於戰爭和狩獵的，由於塔西里一帶道路崎嶇，石柱林立，馬車很難行駛，因而居民十分稀少。這個民族大約在公元前1000年左右遷徙他鄉。

　　此後，撒哈拉日益乾燥，沙丘逐步擴大，公元前1世紀左右形成今天這樣的情形，這時塔西里巖畫上表現的是駱駝。隨著駱駝進入非洲大陸，撒哈拉的歷史翻開了新的一頁，史前時代宣告結束，歷史進入了有文字記載的時代——希臘羅馬時代。

　　撒哈拉壁畫的主要顏料來自頁岩。繪畫時，先將顏料磨成粉末，用水稀釋溶解，加入樹脂、動物油、血、蜂蜜、尿等材料，製作成液體或糊狀使用。

　　在一些遺址中還發現了溶化顏料用的石器皿和石盤，以及研磨顏料用的小石臼，繪畫工具用手指、筆或毛刷等，筆和毛刷是用草、頭髮、羽毛以及削過的細樹枝加工而成的。

　　塔西里壁畫令人流連忘返。近年來，隨著世界旅遊業的發展，喜歡刺激的冒險者來到非洲撒哈拉，觀賞氣象萬千的大漠風光。撒哈拉壁畫也隨之成為世界旅遊業中一個新興的旅遊熱點。

　　塔西里的巖畫中最古老的畫面是生活在公元前8000年至公元前6000年前的史前人類繪製的，描繪的是一些絳紫色的小人，體型極不勻稱，頭顱又大又圓，而腿和胳膊細如蘆柴。可是在洞穴中卻有一幅高大的巨人畫面，這幅巨人像特別抽象。令後人百思不得其解。

　　瑞士哲學家豐‧丹尼肯認為大火星神穿的不是宇宙服就是潛水服，而且頭上戴著球形頭盔安裝有天線，顯然是外星來客。

　　難道在公元前8000年至6000年前外星人在這裡生活過？這幅巨人巖畫會不會是外星人的作品呢？在這茫茫的大沙漠中會不會還有神祕的巖畫和不為人知的寶藏呢？

07 樓蘭古國寶藏

1980年，考古學家在距孔雀河數里的地方，發現了三千八百年前「樓蘭王國」的神祕墓葬。

在這一墓葬群中，考古隊員發現了一具保存完好的女性木乃伊。從木乃伊的表相中可以看出她生前是一個典型的新疆美女，面目清秀，深目微閉，被考古學家譽為「樓蘭美女」。

樓蘭美女的穿著也傳遞著古樓蘭國的各種訊息。她頭戴麻布防風斗篷連衣帽，下頜前有線帶橫穿，如此跡象可以推測，羅布泊在四千年前就已經乾旱多沙。人們選用麻棉混紡衣料是要既考慮防風沙侵入，又要透氣防止出汗，這與樓蘭美女出土時的外部特徵不謀而合。

那麼她的祖先是何時遷來的？又是從什麼地方遷來

的？她所在的種族是白種人還是黃白混血？千年古國，謎團重重，至今也沒有人能夠得到其中答案。

樓蘭是漢唐時期最繁榮的古國。它一直是內地通往西域的重要交通樞紐，但是令人疑惑的是，對於古國的消失，歷史上竟然沒有任何文獻記載。

多少年來，樓蘭古國的神祕消失引起了世人的注意，這個埋藏著大量金銀財寶的古國成為無數尋寶人心目中的聖地，很多尋寶人冒著風沙，進入塔克拉瑪干沙漠。

最先在樓蘭尋到寶藏的人是瑞典探險家斯文·赫定。

1895年，斯文·赫定沿克里雅河穿越塔克拉瑪干沙漠，到達羅布泊地區，初步摸清了在塔克拉瑪干沙漠深處的古代遺址的大致情況。四年後，斯文·赫定再次來到塔克拉瑪干，並向塔克拉瑪干東端的羅布泊沙漠前進，就是在這次探險過程中，讓樓蘭古城重現世界。

1900年2月的一天，赫定一行人抵達羅布泊北岸後，打算掘井取水時，突然發現鐵鏟不見了，他派隨同的嚮導沿原路尋找。此時已近傍晚，嚮導找到鐵鏟後連夜返回，不料路上遇到狂風，他無法前進。等沙暴過後，在他眼前突然出現了高大的泥塔和許多房屋，一座古城奇蹟般地顯露出它的面容。

　　第二年，斯文·赫定正式挖掘這座古城。隨著挖掘的不斷展開，大批珍貴的漢文、木簡、紙文書和一些粟特文書以及精美絕倫的絲毛織品，別具風格的木雕飾件開始出現，這些文物讓赫定成了一名富翁。

　　隨著挖掘的深入，一幅完整的樓蘭古城藍圖逐漸出現在人們的視野，古城中的官署、寺廟、僧捨、望塔、馬棚和街市都漸漸清晰起來。在古城附近，能清楚地看到一條東西走向的官道，斯文·赫定斷定是張騫、班超路經的古絲綢之路。

　　斯文·赫定回國後，把他挖掘的文物交給德國的希姆萊進行鑑定。

　　希姆萊最後斷定，這座古城就是赫赫有名的古國樓蘭，因此震驚了整個世界。消失傳開之後，馬上就有第二批尋寶者進入塔克拉瑪干沙漠。

　　英籍匈牙利人奧利爾·斯坦因，帶著五十多名雇工，租用了當時能找到的所有駱駝隊，開始了他的中亞考察。斯坦因找到了樓蘭的遺址，第二天開始挖掘。

　　斯坦因指揮助手們在古城夜以繼日地挖掘了十多天，獲得了大批文書、簡牘。在城裡還挖掘了大量的貨幣，漢代的絲織品、絹綢，也有波斯的壁畫，甚至希臘、羅馬以雅典娜為圖案的工藝品；還有各國的陶器和

漆器。這一切都顯示了樓蘭在中西方交通、文化交流及商貿上無與倫比的重要地位。

但挖掘進入最後幾日時，處境逐漸艱難起來。雇工連續患病，缺乏飲水，斯坦因被迫離開這裡，向敦煌前進。1907年新年，斯坦因發現了古樓蘭國的首都米蘭古城。

在米蘭古城，斯坦因發現了很多稀世珍寶，使斯坦因富甲天下。然而，他做夢也沒想到，更大的發現很快就出現了。一天，他來到一座大佛寺，在佛寺長方形的基座走廊上，他發現了一個呈穹形頂的圓形建築。經過確認，這些珍貴的繪畫是與尼雅同時期的繪畫作品。

斯坦因原計劃在米蘭挖掘四五天，但實際上，卻挖掘了十八天，盜走了大量的文物。最後，他驅趕著裝載著大量米蘭文物的駱駝隊離開了。

六年後，斯坦因再次來到米蘭，在米蘭遺址清理了一段時間後，斯坦因將工作重點轉移到距米蘭遺址四英里的一處孤立的台地上。在那裡，他找到了一批古代墓葬。各種隨葬器皿及絲織物，令斯坦因眼花繚亂：花紋繁雜的各種絲、毛織物和銅鏡、漢文文書等，清楚地表明是屬於漢代的遺物。織有「韓仁繡」字樣的漢代織錦，色彩斑斕，艷麗如新，毛織物的風格明確無誤地表

明了中西方的交往標誌。

那些簡牘、絲、毛織物品以及工藝品，有著上千年的歷史，每一件都是價值連城的寶物。而樓蘭又是一個盛產玉的國家，古城內埋藏了大量的玉器。斯坦因的發現使他成了世界知名的大富翁。

樓蘭是漢唐時期最繁榮的古國。它一直是內地通往西域的重要交通樞紐，但是令人疑惑的是，對於古國的消失，歷史上為什麼沒有任何文獻記載？樓蘭古國瞬間消失的原因是什麼？

專家們對此做出種種猜測：地質學家認為，樓蘭古國消失的原因是羅布泊湖的遷徙。羅布泊是一個變化無常的湖泊，被稱為「會遷徙的湖泊」。

古代，羅布泊就在樓蘭古國北部，羅布泊湖是樓蘭古國人們的水源，後來，隨著羅布泊的遷移，樓蘭古國水源枯竭，植物死亡，最終導致氣候惡劣，樓蘭人只好棄國離開故土，古國就這樣在歷史上消失了。

歷史學家認為，古樓蘭的衰亡與社會人文因素緊密相連。樓蘭古國消失於東晉十六國時期，這時正是中國歷史上政治局勢最混亂的時期，北方許多民族自立為藩，相互戰爭。而樓蘭正是軍事要道，成為兵家必爭之地。頻繁的

戰爭、掠奪性的洗劫破壞了樓蘭的植被和交通，最終成為一座廢棄的城市。

另一種說法認為，樓蘭的消失與絲綢之路北道的開闢有關。經過伊吾、吐魯番的絲綢之路北道開通後，經過樓蘭沙漠裡的絲綢之路就被廢棄了，樓蘭也隨之失去了往日的輝煌。

此外，還有一些學者認為樓蘭毀於瘟疫疾病。據推測，有可能是一場外地傳來的瘟疫，奪走了樓蘭古國內絕大部分人們的生命，僥倖存活的人紛紛逃走。還有一種更為離奇的說法，認為樓蘭是被生物入侵打敗。這種生物是從兩河流域傳入的螻蛄昆蟲，它們生活在樓蘭地區的白膏泥土中，成群結隊地進入居民住處，人們無法消滅它們，只得棄城而去。

但是，以上說法都是現代人做出的猜測，沒有相應的史實為證。為了解開樓蘭古國的謎團，越來越多的尋寶人和考古學家走進了塔克拉瑪干，試圖尋找那些埋藏在古城中不可預知的財富和揭開那些千年的謎團。

08 特洛伊古城寶藏

施里曼是德國商界的百萬富翁，但是他卻突然宣佈退出商界，去挖掘傳說中的一座古城。

商人最看重利益，可是施里曼為什麼會對一座傳說中的古城感興趣呢？

施里曼7歲的時候，父親送給他一本《世界史圖畫》，他在書中看到一幅特洛伊古城被希臘聯軍攻陷後焚城的插圖，它引起施里曼的強烈興趣，他從此對描寫特洛伊戰爭的荷馬史詩產生了濃厚的興趣，他發誓一定要找到這座古城。

1840年4月，施里曼開始尋找湮沒兩千多年的特洛伊城。他從土耳其官方領到了挖掘的許可證，開始在希沙里克山挖掘湮沒的特洛伊城，斷斷續續挖掘了四年，

施里曼連一塊金子都沒找到。

施里曼並沒有灰心，他在希沙里克山南部開始大規模的挖掘，發現了一座規模很小的城市，施里曼認為這不可能是荷馬史詩中雄偉壯觀的特洛伊古城。但是轉念一想：荷馬畢竟是位詩人，他描述事物肯定要運用誇張的手法。

挖掘工作又持續了三個月。一天中午，施里曼和妻子站在被挖掘出來的小城市圍牆外。突然，他看到在焚燒過的紅褐色廢物層下面，埋藏著一件很大的青銅器，它上面是一堵牆。施里曼走近一看，發現在青銅器後面，還有閃閃發光的東西，似乎是金子。施里曼告訴妻子索菲婭，馬上讓民工們收工。

民工們離開後，施里曼蹲在牆下，用刀子在青銅器的周圍摳挖。突然，土裡閃爍出象牙的光澤和金子的光芒，施里曼把手伸進土裡，把一件件金銀財寶取了出來，放在索菲婭鋪在地上的紅披肩中。

在這批財寶中，最珍貴的是兩頂華麗的金冕。大的那頂由16353塊金片組成，還有一串精緻的項鍊，可以圍繞在佩戴者頭上，並且懸吊著74根短的、16根長的鍊子，每根以心形的金片組成，短鍊子上的流蘇垂在佩戴者的額前，長鍊子下垂到佩戴者的雙肩，讓佩戴者的臉

完全鑲嵌在黃金之中。小的那頂跟大的類似，但是鍊子吊在金葉帶上，側邊的鍊子較短，只能遮蓋上雙鬢。兩頂金冕的製作技藝精美絕倫。還有六只金鐲、一只重601克的高腳金盃、一只高腳琥珀金盃、一件大的銀製器皿，內裝有六十只金耳環、八千七百只小金盃。還有穿孔的稜鏡、金扣子、穿孔小金條和其他小件飾物，以及銀花瓶、銅花瓶和青銅武器。

施里曼至死也沒有懷疑過這些珍寶不是特洛伊王普里阿蒙的財產。既然這是特洛伊城，這是斯卡安城門，這是普里阿蒙的宮殿，那麼，它們當然是荷馬筆下的特洛伊城的寶藏。

沒有任何東西能夠使施里曼動搖。他確信，他手裡的這些飾物的主人就是使特洛伊城毀於一旦的海倫，可惜他的結論是錯誤的。

施里曼逝世三年後，他的論斷就被推翻了。這些財寶的真正主人屬於比普里阿蒙早一千年的一位國王。

儘管施里曼的判斷是錯誤的，但是後人在他的發現基礎上終於挖掘出荷馬筆下的特洛伊城。

09 邁錫尼古城寶藏

1876年，德國商人施里曼根據荷馬史詩的內容，在土耳其西北部的希沙里克山丘上找到了所謂的特洛伊古城，但是他更想找到邁錫尼古城，因為他在史詩中多次注意到，荷馬只要提到邁錫尼，都要在前面加上一個形容詞，如「多金的」、「黃金的」、「興旺的」等。在荷馬的筆下，特洛伊古城富有，邁錫尼古城更富有。

於是，施里曼來到邁錫尼國君阿伽門農的故鄉伯羅奔尼撒半島，他要從這裡的一個山谷開始挖掘，尋找邁錫尼古城。

邁錫尼文明淵源於公元前2000年左右的早期青銅器時代，大約公元前17世紀，希臘人的一支阿卡亞人在邁

錫尼興建了第一座城堡和王宮。據荷馬史詩描述，興盛時期的邁錫尼是一個「富於黃金」的都市，以金銀製品名揚天下。

現存的邁錫尼城堡位於查拉山和埃里阿斯山之間的山頂上，城牆由巨大的石塊環山修建，高8米，寬5米。宏偉的城面向西北，門楣上立有三角形石刻，雕刻著兩隻躍立的雄獅，雖無頭，但仍威武雄健，這就是聞名遐邇的獅子門。

阿伽門農的墳墓是許多考古學家尋求的目標，考古學家根據一些史學資料斷定，國王貴族的墳墓應該在城牆外面。施里曼的見解與他們正好相反。他根據鮑沙利阿斯的記載斷定：阿伽門農及其戰友的五座墳墓應該在城牆裡面。

施里曼在獅子門附近的荒坡上開始挖掘。很快，挖掘的初步結果證明他選擇的路是正確的。在離獅子門40英尺、離獨眼巨人圍牆不遠的地方，他們挖出一條長100英尺、寬13英尺的深溝，露出兩排石板圍成的圓圈，直徑87英尺，稱為圓形墓圈A。

墓圈裡的土地早已夷平，空地上豎立著六塊直立的石板，形如墓碑。在圓形墓圈裡，施里曼夫婦發現了五座墳墓，希臘考古學會派來監視他們的斯塔馬太基發現

了第六座墳墓。實際上這個墓圈是一處陵園，是作為聖地而修建的公墓。

六座墓穴中共葬有十九個人，有男有女，還有二個小孩。同一墓中的屍骨彼此靠得很近，這些屍體上大多數覆蓋著黃金。男人臉上罩著金面具，胸部覆蓋著金片。二個婦人戴著金製額飾，其中一個還戴著金冠。二個小孩包裹在金葉片裡面，男人身邊放著刀劍、金盃、銀杯等東西。婦女戴著裝飾用的金匣和別針，衣服上裝飾著金片。

除了這些貴重金屬外，還有一些青銅製品的價值也極高，製作技藝更是精妙無比。有兩把鑲嵌著黃金的青銅匕首，堪稱精品中的精品。

一把匕首上描繪的是獵獅場面：一頭受傷的雄獅，正向一群拿著盾牌的持矛獵手撲去。另一把匕首上鐫刻著江河景色：河水漣漪，蘆葦叢生，野貓悄然鑽過、受驚嚇的野鴨鼓翼而飛。

施里曼結合荷馬史詩中有關阿伽門農從戰場凱旋歸來後，他的妻子和情夫在宴會上趁其不備將他謀殺的傳說，認定墓中戴著金面具的死者就是阿伽門農及其隨從的遺骸。

施里曼挖掘邁錫尼七十五年之後，希臘考古學家帕

巴底米特里博士發現了第二個墓區，稱為圓形墓圈B，這個墓區在「獅子門」以西100米處，挖掘出來的珍寶可以與圓形墓圈A的珍寶相媲美，兩個圓形墓圈的時代基本相同。

古希臘人認為這裡是阿伽門農的妻子克里泰涅斯特拉和她的情夫以及同謀者的墓地，因為古希臘神話傳說謀殺阿伽門農的兇手是不配葬在城堡以內的。

事實上，這些長方形豎穴墓的年代是公元前1600年至公元前1500年，比特洛伊戰爭的年代還要早三、四百年。

如果歷史上真有阿伽門農這個人，他應該生活在特洛伊戰爭時期，公元前1180年左右，而不是公元前1600年至公元前1500百年，顯然這些墓穴不是阿伽門農及其隨從的墓地，更不是阿伽門農妻子與情夫的葬墓地，而是邁錫尼王族成員的墓穴。

黃金之城邁錫尼埋藏在哪裡？阿伽門農的墳墓又在哪裡呢？

在希臘考古學家約翰・帕巴底米特裡發現圓形墓圈B的同一時期，英國考古學家韋思在獨眼巨人牆以西、獅子門以外的地區挖掘出九座史前公墓，這些圓頂墓，屬於青銅時代中期，應該在公元前1500年至公元前1300

年。邁錫尼在公元前1400年至公元前1150年左右的青銅
時代末期發展到鼎盛時期。

　　大約在公元前12世紀，邁錫尼傾國出兵，遠征小亞
細亞富裕的特洛伊古城，圍攻十年才攻下這座城市。這
場曠日持久的戰爭消耗了邁錫尼大量的人力、物力和財
力，從此國勢一蹶不振。

　　公元前12世紀末，來自希臘北部的多利亞人征服阿
卡亞人，摧毀了邁錫尼等城市。

　　考古學家們還在圓形墓圈B中發現了荷馬史詩中描
述的建築物、武器和器物，證明了阿伽門農的墳墓就在
這裡。

　　在這些圓頂墓中，有一座最大的墳墓就是著名的阿
伽門農墳墓，它的門梁是一塊重120噸，寬大約5米，厚
大約0.9米的岩石。門上有一個三角形的開口，形似蜂
房，所以又稱為「蜂房墓」。

　　邁錫尼人在沒有起重機和千斤頂的情況下，卻能將
百餘噸重的門梁準確地安置上去，不能不說這是一個人
間奇蹟。

　　邁錫尼墓葬掩埋在山谷裡三千多年。雖然從公元前
1100年至公元1453年之間，多利安人、羅馬人、哥特
人、威尼斯人、土耳其人先後佔領希臘，都曾經來過這

座黃金之城，但奇怪的是，他們都未能發現埋葬在地下的古墓珍寶。

在邁錫尼發展到鼎盛時期，邁錫尼人修建了獨眼巨人牆、獅子門和暗道門，同時，懷著崇敬的心情將早期諸王墓地用石板圍起來，並在石板圍成的圓圈內樹起了鐫刻著馬拉戰車的墓碑，修建了水井狀的圓祭台，使祭祀動物的鮮血可以直接流入地下墓室裡。

後來，隨著時間的推移，泥土從山坡上衝下來，將墓葬掩埋在荒丘之下。

━━━●┄┄┄┄┄┄┄┄┄┄┄┄┄┄┄┄┄┄

當時邁錫尼文明已經產生了線形文字，並且被邁錫尼人普遍使用，用這種文字記寫貨物清單，可是他們為什麼不在墓碑上刻上死者的姓名和業績呢？

埃及人、腓尼基人都在其墳墓牆上刻下了文字，後來的希臘羅馬人的墓碑也有文字，而偏偏邁錫尼人沒有，這究竟是為什麼呢？

邁錫尼古城建立在高山上，不僅佔據著易守難攻的天然地理位置，還有充足的水資源。在城東部的側門內附近有暗道通向一個祕密水池，部隊只要儲備了充足的糧食，絕不用擔心水源。然而令人費解的是，邁錫尼城牆固若金湯，為何屢遭淪陷？

　　「富於黃金」的邁錫尼並不出產金礦，這裡的黃金又是從何處來的呢？

　　阿伽門農墳墓上的石門梁重達120噸，邁錫尼人是用什麼方法將它安置上去的呢？

　　邁錫尼古城蘊藏著無限奧祕，期待著世人能給這些問題找出滿意的答案。

10 地下隧道寶藏

1969年7月21日，一個名叫莫里斯的阿根廷人，將一份上面有著許多見證人，並且已獲得厄瓜多爾共和國承認的合法地契公諸社會，這份地契講述了一個令世人難以置信的故事，立刻引起全世界的轟動。

地契中最主要的部分是說，莫里斯在厄瓜多爾共和國境內摩洛拿聖地亞哥省內的大隧道裡，發現了一些對人類文明有著重大意義與歷史價值的文物。這些文物主要包括：各種不同形狀和顏色，且刻有各種標誌和文字的石器和金屬牌匾。

這些牌匾可能包含了人類歷史的一個片段，同時又是人類起源的一個證據，或者是某一種消失的文化的線索。莫里斯請求厄瓜多爾總統成立一個科學委員會來鑑

定、評價這些文物的價值，並且願意指出大隧道的準確
位置和入口。

1965年，莫里斯來到厄瓜多爾，準備深入研究一下
當地各部族和人種等課題。令人意想不到的是，在一次
調查研究中，他意外地發現了一條來歷不明的大隧道。

這條消息公開以後，很多考古學家都懷疑莫里斯發
現的真實性。

1972年，莫里斯帶領著厄瓜多爾考古學家法蘭士和
馬狄維組成的科學考察小組，再次對大隧道展開調查。

隧道入口是一塊被鑿通的大岩石，隧道在厄瓜多爾
和祕魯的地底延綿好幾百公里。考查小組成員相繼走進
神祕莫測的地下世界。進洞後是一段狹長的通道，伸手
不見五指。接著隧道便垂直往下，他們把一條繩子垂到
下面75米的第一個平台上，然後沿繩而下。

接著，他們又沿繩垂直下到第二個平台和第三個平
台，每台高度都是75米。在這些地道的轉角處，都是呈
直角形的嚴謹設計，有寬有窄。所有的牆壁都非常光
滑，好像有人剛剛擦過，洞底非常平坦，許多地方看起
來像是塗了一種發光的顏料。

法蘭士和馬狄維原先對隧道是否存在所持的懷疑，
頓時消失了。他們又走過一個彎處，突然開闊起來，出

現一個寬敞的大廳，很像配給中心或倉庫，並有許多伸向四面八方的通道。在此地，因為有輻射，所以羅盤針也失去作用。其中一條延伸到廊道入口附近，有一堆骨骸精心擺放在地上，上面灑滿金粉，在手電筒的照射下，那些骨骸像是用純金做成的。

隧道裡，漆黑一片，悄無聲息，他們摸索著穿過第七條廊道，有一個面積寬達21平方公里的岩石大廳出現在他們面前。

大廳中央有一張桌子，桌子的右邊放著七張椅子。椅子摸上去好像是一種塑膠，但卻比鋼材還要堅硬和沉重。

七張椅子後面毫無規律地擺放著許多動物模型，有蜥蜴、獅子、大象、熊、豹、美國野牛、狼、蝸牛和螃蟹，簡直就像一個異想天開的動物園，最令人驚奇的是，那些動物都是用純金做成的。在桌子的左邊擺放著莫里斯在地契上提到的金屬牌匾。牌匾僅幾毫米厚，卻有65公分高，18公分寬。

法蘭士經過仔細檢查仍然無法確定金屬牌匾用什麼原料製成。因為那些金屬箔看起來薄而脆弱，但豎起來卻不彎曲。它們像一本打開的書立在那裡，一頁連著一頁。每塊金屬箔上都好像寫著什麼，井井有條地像是用

機械把它壓刻上去一樣，沒有人能識別這些文字。

這樣的金屬箔有兩三千塊，法蘭士認為這間金屬圖書館的創立者肯定想把一些重要的資料，留傳給幾個世紀以後的人。

莫里斯在大廳裡還找到一個石刻，高11.43公分，寬6.35公分，正面刻著一個身軀為六角形，頭部卻是圓形的，看起來像是一個小孩。他右手握著月亮，左手握著太陽，令人驚奇的是雙腳是站在地球儀上！這石刻在公元前9000年～公元前4000年做成，這說明那時的人們便就知道地球是圓形的。

法蘭士認為這個隧道系統在舊石器時代已經存在。他拿起一塊刻著一頭動物的石刻，它高29.21公分，寬50.32公分。畫面上所表現的動物有著龐大的身軀，正用它粗大的後腿在地上爬行。法蘭士認為石刻劃的是一條恐龍。

還有一塊神祕的石刻，讓法蘭士更為吃驚，石刻上畫的是一具男人骨骼，它的肋骨數竟然是十二對。

莫里斯又讓法蘭士看了一座廟宇的模型，可能是圓頂建築最古老的樣本。在廟宇的圓頂上，還繪有一些人像在空中翱翔或飄浮著。這個廟宇的模型，可能是圓頂建築最古老的樣本。

　　此外，一些穿太空服的人像，更是讓人不可思議：一個有著球狀鼻子的石刻人跪在一根石柱下，他頭戴一頂遮耳頭盔，像極了現在我們用的聽筒；一對直徑5公分的耳環安在頭盔前面，耳環上鑽有十五個小洞；一條鍊子圍住他的脖子，鍊子上有個圓形牌子，上面也有許多小孔，很像我們現在的電話鍵盤。

　　這個隧道和它裡面收藏著的稀世奇珍，都是人們未曾見過的。那些1.8米高的石像有的有三個腦袋，有的卻是七個頭顱；三角形的牌匾上刻著不為人知的文字；一些骰子的六個面上刻著一些奇異的幾何圖形。

　　沒有人知道這個隧道和這個隧道系統是誰建造的，也沒人知道這些稀世奇珍是誰遺留下來的。據莫里斯講，這個隧道的入口由一個野蠻的印第安部落守衛著，這些印第安人和他們的三位酋長都把莫里斯當成可靠的朋友。每年3月21日，酋長都要下到隧道的第一個平台進行祈禱。酋長的面頰兩邊都要貼上一個和隧道口岩石上的記號一樣的象徵吉祥的裝飾物。但酋長以外的人卻不會進入隧道，他們認為隧道裡住著鬼魂。

　　在這曲折迷離隧道中行走，法蘭士莫名其妙地擔心會觸動隧道裡的機關，使隧道自動關閉。為了確保安全，科學考古小組沿原路退回洞口。當他們得知基利斯

貝神父收藏著許多來自隧道的珍寶後，便立即趕往位於厄瓜多爾古安加的瑪利亞教堂，希望能得到更多關於這條神祕隧道的訊息。他們在神父那裡又發現了什麼更令人不可思議的珍寶呢？

基利斯貝神父在古安加住了四十五年，在過去的二十年裡，他從印第安人那裡收集到大量石刻、金銀製品等。神父帶考察隊參觀了他的收藏寶物，第一號房間收藏著石刻；第二號房間是金、銅和其他金屬藝術品，據說是印加帝國的；第三號房間全是純金製品。

尤其吸引人的是一個純金製成的女人像。她高30公分，頭像二個三角形，背後焊接著一對細小的翅膀，一條螺旋形的金線從她耳朵裡伸出來。她有著健康、發育完美的胸部，兩腳叉開，但沒有手臂，穿著一條長褲，一個球形物浮在她的頭頂上面。法蘭士感到她兩邊的星星透露了她來自何處。那是一顆隕落了的星球嗎？她就是從那顆星球來的嗎？

基利斯貝神父收藏的大量金屬箔，上面都刻有星星、月亮、太陽和蛇。其中一塊金箔的中央刻有一個金字塔，兩邊各刻有一條蛇，上面有兩個太陽，下面是兩個太空人似的怪物及兩頭像羊的動物，金字塔裡面是許多帶點的圓圈。

在另一塊刻有金字塔的金屬箔上，兩隻美洲豹分別趴在金字塔兩邊，金字塔底刻著文字，兩邊可以見到兩頭大象。據說大象在一萬二千年前就出現在南美，那時地球上還沒有產生文明。

最讓法蘭士震驚的是，他在基利斯貝神父這裡見到了第三架史前黃金模型飛機。第一架他是在哥倫比亞的保華達博物館見到的，第二架存放在隧道裡。多年來，一些考古學家認為這些模型代表一條魚或一隻鳥，而這種猜測顯然站不住腳。從模型幾何形的翅膀、流線型的機頭和有防風玻璃的駕駛艙看，很像美國的B-52轟炸機，它的確是架飛機模型。

───────────────────────────────

這條隧道究竟是誰建造的？在隧道裡面，存放的那些壁畫、牌區、黃金製品和雕刻品，有什麼深刻含義？金屬箔圖書上，井井有條地像是用機械壓刻上去的文字，究竟想告訴後人什麼東西？難道史前就有人構想出一架飛機的模型？一切都無定論，都還是謎團。

11 水下古城寶藏

神祕的撫仙湖像一個神話裡的魔瓶，只要它稍稍地傾斜，只露出一部分的祕密：湖中飛騰的海馬、神祕的光盤、水下木乃伊，就足以讓世人瞠目結舌。可是最讓人驚奇的，撫仙湖底竟然隱藏著神祕消失的古滇國。

千古傳說迷霧重重，神祕古城如何葬身水底？古城中到底埋藏著多少寶藏？成為無數尋寶者覬覦的目標。

目前對撫仙湖的考察還不深入，所以撫仙湖到底有多少寶藏無從得知。但從撫仙湖西側一個普普通通的小山包，就可猜想撫仙湖水下古城的巨大財富，這個小山包就是李家山。

對居住在撫仙湖附近的居民來說，李家山可是個神

祕的地方。在撫仙湖一帶，只要有雷雨天氣，李家山肯定會遭到雷擊。這是什麼原因呢？為什麼偏偏李家山頻頻遭到雷擊呢？人們推測，李家山埋藏著大量金屬物質，這些金屬將雷電從空中引了下來。

經過專家考察，果然在李家山一帶發現了很多戰國末期至東漢初期的古墓，從中出土的青銅器多達五千多件。李家山古墓的青銅器做工精細，上面還繪有很多人物和場景，生動地反映出了當時的社會風貌。這些青銅器價值連城，其中一件牛虎銅案在赴美國巡展中，保險金額就高達一千萬美元。

李家山是撫仙湖水底古城的墓葬地，古墓青銅器的出現，證明了撫仙湖水底古城的身分非同一般。

青銅器在我國古代是一種十分珍貴的器物，只有達官貴人們才可以以青銅器陪葬。在戰國至東漢的四五百年間，無數的青銅器隨同達官貴人一同深埋在李家山一帶，說明在戰國至東漢這段時期，撫仙湖水底的古城曾經是繁華，盛極一時的城市，由此可見，埋藏在古城裡的寶藏是人們無法想像的。

撫仙湖是雲南省第三大湖，很久以前，撫仙湖畔就流傳著水下古城的故事。相傳撫仙湖原本是一個很大的壩子，壩子裡有一個繁華的城池。一天，一場大水淹沒

了壩子，熱鬧非凡的城池就在這場災難中沉入水底。據傳人們在湖上行船，風平浪靜時還能看到城牆。

在撫仙湖北岸，有一個叫鎮海營的村子，他們村名的由來和神祕古城密切相關。

據村民說，澄江縣縣城原不叫澄江，最早叫河陽縣，那時的河陽縣也並沒有撫仙湖。一天，河陽縣突然來了一個瘋道士，走到縣府衙門時，突然看見衙門前有一對大石獅子，張口就說「獅子眼睛紅，說說水晶宮」，隨即又滿大街喊叫起來。一個瘋道士的話，誰會把他放在心上。

事過不久，果然石獅子的眼睛發紅了，結果整個河陽縣城開始向下陷沉，沖天的大水平地而起，淹沒了街道和房屋，人們四處逃難。有一家老兩口，無兒無女，家裡很窮，只養著一頭豬。老兩口逃跑的時候就拉著豬一齊跑。但是他們跑到哪個地方，水就淹到哪個地方，直到老兩口跑到一個小塘上，實在跑不動了，就說：「淹死也是死，再跑也是活不成，我們就坐在這裡吧！」身後的豬也跟著停下來，奇怪的是，水就在他們身邊停了下來，再也沒有漫過這個小塘，這頭豬就是傳說中撫仙湖裡的金豬。

後來老兩口停下來的小塘就成了現在的鎮海營。原

來的那個古城就這樣永遠沉睡在水底了。

傳說中沉入水底的這個古城在歷史上真的存在過嗎？科學家經過查找史料發現，那些長久以來流傳在撫仙湖畔的故事。竟然神奇地與史實相符合。

1992年，科學家在雲南澄江撫仙湖邊發現了大量水下人工建築的遺蹟。考察隊先後三十多次潛入湖底，對撫仙湖探險拍攝錄像。經他們考察，這一水下建築群位於撫仙湖東北岸，距湖岸2、3米，面積有7、8百平方米，距水面最淺處有56米，最深處約25米，長約150米，高有89米。

一石擊起千層浪，一時間世界都知道中國澄江有個撫仙湖，湖底有個神祕的古城。

隨後，又有一些考古學家再次深入湖底探查，目前已經探明的古城遺蹟面積已達2.4平方公里，主要建築共有八個，其中有兩個高大階梯狀建築十分宏偉。一個階梯狀建築分三層，底部寬60米，第二層寬32米，頂層寬18米，整個建築高為16米，從聲納掃瞄圖上可以看出，它的台階非常整齊對稱。

另一座階梯狀建築氣勢恢弘，它上下分五層，第一層底部寬63米，第二層寬48米，第三、四層倒塌比較嚴重無法仔細測量，第五層寬27米，整個建築高21米，類

似於美洲瑪雅人的金字塔。在每一層大的台階之間都有
小台階相連，其中第一級大台階從底部有一條筆直的小
台階直通而上。兩座階梯建築中間還有一條長300多米，
寬5～7米的石板路面，用不同形狀的石板鋪成。在石板
上還有各式各樣的幾何圖案。

在另外一片區域裡還有一座圓形建築，底部直徑為
37米，南面偏高，依稀可以辨別出台階。這座圓形建築
北面倒塌嚴重，東北面有個缺口，形狀與古羅馬的鬥獸
場十分相似。更為奇特的是，在雲南晉寧石寨山曾出土
大量古滇國時期的青銅器，在這些青銅圓形飾品上，有
很多環形台階式建築圖案，幾乎與撫仙湖水底發現的圓
形建築形式一模一樣。

青銅器上的環形台階式建築分上下兩層，第一層有
十餘人，第二層有三、四人，坐在台階上觀看鬥牛或者
其他表演。因此專家認為，這個水下圓形建築就是青銅
環上的圖案描繪的原型。那麼，這座古城到底是歷史上
的哪個城市呢？

水下古城建築與古滇國青銅器銅環圖案的驚人相
似，引發了人們對古城身分的猜測。這座水下古城，難
道就是那個興盛了五百多年的神祕古滇國？

目前國內對古滇國的考古，只是發現墓葬和文物出

土，沒有發現古滇國任何生活建築遺蹟，於是有人猜測，撫仙湖水下古城就是古滇國時期的繁華城池。

撫仙湖水位低的地方，會露出石板，在石板上，人們可以看到直徑為8~15公分的孔洞，形狀酷似馬蹄印。

在水下建築上也有很多類似的孔洞，有些內部邊緣還有石釘，這些圓孔插上木樁，再用繩子連接起來，會形成一個規則的長方形。

考古學家透過研究古滇國的青銅器圖案，發現古滇人的建築主要是以桿欄式建築為主，這種桿欄式建築就是先用竹木搭成房架，底層懸空，再修牆而形成的建築。湖底建築與青銅器圖案的驚人吻合，說明撫仙湖水下古城一定與古滇文明有著直接的聯繫。這座古城到底是歷史上的哪座城市？在雲南澄江縣歷史上，有史可查的有三個城市，其中最早的是俞元古城。

公元前106年，西漢王朝就在這裡設立了俞元縣，但俞元古城在地球上卻神祕的消失了。即使俞元建制變更地名，也應有所記載，但南北朝後俞元古城訊息中斷。俞元城到底哪裡去了呢？這座水下古城會不會就是俞元古城呢？

首先需要考證的就是俞元古城的地理位置，歷史上的古城是在撫仙湖地區嗎？《漢書‧地理志》記載：

「俞元，池在南，橋水所出⋯⋯」「橋水上承俞元之南池，縣治龍池洲，周47里。」可見，俞元縣境就在現澄江、江川、紅塔、石林（路南）等縣區，是一個十分廣闊、強大的縣城。

那麼，這個俞元古城應該也是一個相當繁華的城池。但這個城池在什麼地方？為什麼至今沒有發現它的任何遺蹟？於是很多人認為，撫仙湖底的古城就是那個神祕的俞元古城。

也有人認為，撫仙湖底的古城是古滇國時期的某個大城市。持這種觀點的人認為，古滇王在公元前279年在雲南建立古滇國，當時在撫仙湖周圍存在一些小國家，而撫仙湖下的古城很可能就是那些小國的城池。還有人認為撫仙湖水下古城最初是古滇王離宮。

關於水底古城的身分至今仍沒有定論，只給人們留下了一團難以捉摸的迷霧。

歷史上的撫仙湖地區經常發生「沉湖事件」，那個神祕的古城或許就是眾多沉湖事件的一件。

當地《江川縣志》記載，撫仙湖中原有大小兩孤山，兩座孤山之間有一條鐵橋，呈彩虹的形狀，因而得名虹橋。可突然有一天「風雨交作，橋與小孤山失所在，大孤山獨存。」

　　這「風雨」難道就是地震嗎？但查看《江川志書》，書中對於當地的地震記載十分詳細，僅撫仙湖地區就記載了兩次，所用的詞都是「地震」。如「明洪武十年，江川地震，明星灣子溝有獨家村，因地震陷落入湖。」

　　還有一則記載，「清乾隆十七年江川地震，秦家山撫仙湖湖邊田地蕩入湖中者甚多，而最多者二十三戶。」

　　可見，使小孤山沉入水底的「風雨」並非地震，那這「風雨」到底是什麼呢？

　　民國《江川縣志》卷二十五裡還有這樣一段記載：「撫仙湖濱有村曰馮家灣，其村關聖宮門首原有石埂一路，所以防波浪之淘田禾。民國13年4月12日午時，石埂間忽響，聲大震，衝出黃煙一堵，向湖之東南而去。農人群往視之，石埂連田陷於湖內，旁邊陷成大坑。」

　　民國《江川縣志》的編寫時間為民國21年至民國23年，可見編寫時間與事情發生時間相距不到十年，所以事件的地點、情節都記載得十分詳細。

　　撫仙湖地區的沉湖事件是如此難以捉摸，尤其是撫仙湖古城的沉湖原因，更是難以解答。由於年代久遠，人們只能做出種種猜想，卻沒有辦法加以解答。目前比較盛行的說法是一場突如其來的「地震」，中國著名建築學家楊鴻勳也認為，俞元古城是因地震沉入湖底的。

　　經地質、地震學家的研究結果證明，青藏高原的東南邊界是一條地震、滑坡等地質災難比較嚴重的分佈帶，被稱為小江斷裂帶。它在雲南境內全長400公里，成南北向分佈，撫仙湖就處在小江斷裂帶上，成為高原斷層溶蝕湖。

　　或許正是地質的不斷變化，把曾經繁盛的城市淹沒在深深的湖水中，留下了一個個難解的傳奇。

　　撫仙湖的水下古城到底是歷史上的哪座城市？它是怎樣沉入水底的？難道真像傳說中的那樣被大水淹沒的？還是因為地震，把這座繁盛的城市淹沒在深深的湖水中？人們對此只能做出種種猜測，沒有人能真正解開一個又一個謎團。

12 石頭城寶藏

1868年的一天，歐洲一位探險家正在密林中追逐一隻野獸，在野獸的帶領下，他意外的發現了一座石頭的殘垣斷壁。雖然這只是一大片石頭城的廢墟，但是卻顯得異常的神祕尊貴，因為年代不明而顯得高深莫測。這就是與埃及金字塔和獅身人面像同樣聞名世界的大辛巴威。

在辛巴威，這裡的大部分居民是班圖語系的馬紹納人和馬塔貝萊人。而在班圖語中，辛巴威之所以叫做「辛巴威」，源於遍佈於當地的二百座大大小小的石頭城，馬紹納人把其中的任何一座都叫做「辛巴威」，它在當地的班圖語中的意思是「可敬的石屋」；另外有些人認為辛巴威是塞肖納語「馬津布韋」的諧音，它的意

思應該是「酋長住宅」。

也有的人認為它是恩戈尼語「津比萬比韋」的變音，因而它的意思是「富饒的礦山」。如此等等，給辛巴威這個非洲南部的內陸國家和其中的古代遺蹟籠罩上迷人的色彩。

1871年，德國地理學家卡爾・莫赫來到大辛巴威，他說：「這是一大片聚在一起的石頭建築，沒有屋頂，用灰色花崗岩石塊以精巧的技術建成，有些還雕刻著圖案。山上那些高大的石牆分明是歐洲人的建築。」這位高傲的歐洲學者之所以說是「歐洲人的建築」，是因為他根本不相信在非洲腹地，會有這樣的古代文明建築。

「大辛巴威」飽經世紀的桑田變化，大部分已淪為廢墟，但有一部分仍然顯示著宏偉的氣象，並且一直保存到現在。

作為主體建築，大辛巴威最輝煌的一處位於山下的平地上。因為它外圍的城牆呈橢圓形，周長256米，內徑長89米，寬67米，被稱為「橢圓形大圍牆」。該處圍牆高近10米，厚約5米，所圍的總面積約為4600平方米。

在東、西、北三面城牆上開有三個門，門頂都有巨大的花崗岩石砌成的圓拱形。圍牆的頂上，雕刻著細長的質地堅硬的圖案花紋，有的獨面頂端還雕刻著一隻形

狀奇特的石鳥，在圍牆的東南部，還有一道同圍牆平行的、相隔1米左右的石牆，與圍牆體形成一條長達百米的狹窄通道，通道盡頭是一個類似院子的半封閉區域。

圍城裡面建有圓錐形石頭高塔、石碑、地窖、水井和一些石崖的廢墓，像是古代宮廷的遺蹟。圍城附近還有許多小的房屋，這些低矮的頹垣殘壁有可能是一般官員或僕人的住宅區。

在橢圓形大圍牆的外面，有一連串形成堡壘的城牆。城牆內有錯綜複雜的通道、石級和走廊等。沿著一條陡峭縫隙開鑿出來的石梯拾級而上，就可以來到另一處主體建築：衛城。

衛城建在橢圓形大圍牆旁邊約90米高的懸崖上，居高臨下，俯視著整個山谷。衛城的城牆隨著岩石而起伏，自然地與大弧丘渾融一體。圍城全部由花崗岩石砌成，構築堅固，氣勢雄偉，可能是一座要塞，供防禦之用。

衛城的內部，又有許多殘破的房屋和複雜交錯的通道。在這處遺址上，有冶煉黃金的痕跡。另有一處形似祭壇的建築，也許是古人們舉行宗教儀式的場所。

在整個大辛巴威的建築群中，最神祕莫測也最令人費解的是橢圓形大圍牆內的圓錐塔。這是一座上細下粗

的實心花崗岩建築，高約20米，沒有任何文字標記。它
主要是用雕鑿成磚塊的平整花崗石堆砌而成，按一定的
圖案線條規則地砌起。石磚之間沒有使用灰漿或其他種
類黏合劑接合的任何痕跡，然而石磚之間的連接極為嚴
密，其縫隙竟連薄刃也難以插進去。圓錐塔的外觀神祕
新奇、精緻美觀，而且堅固異常，不知經歷過多少歲月
的風雨。

自從1868年以來，一批批歐洲探險家和科學家陸續
來到非洲南部，在辛巴威這塊突然間變得神奇的土地上
尋蹤覓跡，反覆考察，想要弄清「大辛巴威」的內在奧
祕。

神祕的圓錐塔是他們考察的首選。英格蘭考古學家
本特曾花費極大的財力和人力在圓錐塔的周圍大規模挖
掘了一條地道穿過圓錐，企圖尋找一個入口。為此他搬
開了許多石塊，但發現塔是實心的，這個入口至今也沒
有找到，也許它根本就沒有入口。

考古學家們一直不能理解這座巨塔究竟是幹什麼用
的？人們對此眾說紛紜。有人認為該塔的外表形狀與當
地的糧倉相似，也許是個巨大的糧倉。但由於證明整個
塔是個實心的整體，根本就沒有用來貯藏糧食的空間。

也有人認為它是男性生殖器官的象徵物，是古代某

種宗教儀式所用的，它代表某種蓬勃的部落精神或部落長至高無上的權力。但這些說法最終因缺乏有力的證據，加上又沒有史料記載而缺乏說服力。

圓錐塔依然神祕地矗立在那裡，笑看來客，保守著自己深藏的祕密。

19世紀末，歐洲人紛紛漂洋過海，競相來觀看「辛巴威」。歐洲人根據自己的臆想猜測，大辛巴威應該是存在於神話中的黃金國度。他們認為石頭城很像歐洲史書上記載的古代以色列國王所羅門的某些聖殿，很可能就是在《聖經・舊約》中提到的所羅門國王的金礦所在地。

而衛城就是模仿所羅門國王在摩利亞山上修建的耶和華殿建造的。那座橢圓形的大圓牆，則是為了模仿古埃塞俄比亞女王示巴訪問所羅門時在耶路撒冷住過的行宮而建築的。

這種主觀猜測，激起了歐洲人到石頭城尋找黃金的狂熱。不少歐洲人來到石頭城後，僱用當地的馬紹納人，用先進的機械在寶貴的遺址上四處亂挖，掘地三尺，把珍貴的文物劫掠一空。

除了堅硬的花崗岩石塊，其他的一切能拿者盡被拿走，所有那些有可能說明歷史真相的文物資料，在還沒

來得及真正展開研究之前，就遭到了毀滅性的破壞。

後來，人們在「辛巴威」的周圍挖掘出大量的文物。其中有奇怪的生產工具、鋒利的作戰武器和精美的裝飾品等，還有一些是來自遙遠的中國的陶瓷碎片、阿拉伯地區的玻璃珠子、波斯的彩色瓷器以及印度佛教念珠等。

由這些出土文物至少可以看出，消失在遙遠年代的石頭城曾經與古代的華夏及阿拉伯、波斯和印度有過悠久的文化和貿易往來。而眾所周知，在中國、阿拉伯和波斯的歷史典籍中有關大辛巴威的記載卻極其少見。也許，這些舶來品是從第三者手中轉手貿易而得，那麼這些第三者又是一些什麼人呢？人們無從知曉。由壯觀的大圓錐塔就可以看出，其建造疊砌技術已達到了很高的程度，圓錐塔的建設者們在很早以前就已經掌握了建築學、幾何學、力學等方面的高深知識。

這一座座大小不同、遠近不同的石頭建築究竟是用來做什麼的呢？人們至今也沒有弄明白。留下的只是人們對它的種種猜測：有些人認為這裡可能是一個已消失的古老王國的皇城，也有人認為它只是一個巨大的宗教場所。與其他文明遺址不同的是，所有這些石頭建築上都沒有任何文字，也沒有雕刻的圖案或壁畫，在這方面

與美洲的馬雅城或東南亞的吳哥寺（吳哥窟）上成片的浮雕迥然有異。而流傳下來的世界文典中又沒有任何記載，真可以說是無跡可尋。

什麼人建造了這座石頭城？他們當時用什麼工作和方法建造成的這座宏大瑰麗的石頭城？他們建造這座石頭城的意義是什麼？石頭城的建造者與當今生活在辛巴威的馬紹納人和馬塔貝萊人有什麼樣的淵源關係？如果它的建設者是外來人，為什麼他們又在某一天突然遺棄了這個地方？

由於1830年當地曾發生過著名的祖魯戰爭，人們由此推測，居住在大辛巴威的原居民都被趕走了，那麼他們又遷居到何處了？

令人不解的是：在這片土地上生活的只不過是馬紹納族的一個分支——卡蘭加人。他們大多數仍舊居住在非洲低矮、簡陋的傳統窩棚裡，其日常生活和宗教儀式與這些大堆的石塊毫無關係。

13 繁榮古城寶藏

關於特洛伊的傳說是自古希臘文學以來最著名的題材，並構成荷馬史詩的主體。特洛伊古城的廢墟也是世界上最重要的考古場址之一。

然而，據古代典籍記載，在詩人荷馬筆下的特洛伊城附近，應該還有一個以航海為主業的繁榮大城，這個古代城市由武士階級統治，在財富和聲勢方面幾乎比得上特洛伊本身。

只是考古學家們始終沒有在這一地區發現具有說服力的證據，所以要是能找到此地的文物，那是多少考古學家們孜孜不倦的追求和夢想。

1958年的一天，考古學家詹姆斯‧梅拉特坐在從伊斯坦布爾開出的一列火車上。坐在他對面的是一位女

子。梅拉特無意間發現女子胳膊上戴著一個樣式奇特的金手鐲，他立即認出那是幾千年前的赤金製品。這只手鐲把他引向了一批無價之寶，梅拉特認為自己碰上了意想不到的好運氣。

梅拉特向女子作了自我介紹。女子告訴他，手鐲是她家中的收藏品之一，還答應帶他去家裡驗看其他的收藏品。

傍晚，列車開進土耳其愛琴海岸的港口城市伊茲密爾。女子帶他換乘交通工具去自己家中。梅拉特心中充滿對那批珍寶的渴望，沒有留意換乘的渡船和出租車的路線。

女子從家中的一張五斗櫃裡把她的收藏品一件一件取了出來，梅拉特大吃一驚，面前擺的東西，可以與埃及法老圖坦卡門墓的發現相提並論。他想給這些收藏品拍照，女子拒絕了他的要求，只是同意讓他待在屋裡，把珍寶的圖樣臨摹下來。梅拉特欣然接受了這一提議。他夜以繼日地研究這批令人難以置信的珍寶，臨摹它們的複雜結構，拓下上面的象形文字，記下每一個細節。

女子告訴梅拉特，她是希臘人，這些收藏品是在第一次世界大戰後希臘佔領土耳其期間發現的。它們來自湖邊小村多拉克的一處祕密洞穴。

　　聽到珍寶的來歷，梅拉特心裡十分清楚，這批珍寶是4500年前青銅時代的遺物。根據施里曼對特洛伊古城所分的九個層次中，第一期至第五期相當於青銅早期時代，在公元前3000～公元前1900年，梅拉特認為，女子收藏的珍寶屬於特洛伊古城附近，以航海為主業的繁榮的遠古大城。

　　梅拉特找到了考古學家們夢寐以求的東西。這一發現，會讓過去所有的各種學說重新修訂。

　　一天晚上，梅拉特終於完成了工作，離開了女子的家。此後，他再也沒見過那位女子和那批珍寶。梅拉特事後才意識到，他對這位女子幾乎一無所知。他只記得她說的英語中帶有美國口音，她說她名叫安娜・帕帕斯特，住在卡津・德雷克大街217號。

　　梅拉特犯的第一個致命的錯誤，是未經核實就相信了女子的話。後來，對此持懷疑態度的土耳其調查人員說，他們沒有發現任何名叫帕帕斯特的人，卡津・德雷克大街也根本不存在。

　　接著，梅拉特又犯了第二個錯誤。在安卡拉，他向上司匯報說，早在六年前，他就發現了那批珍寶，只是到了現在，他才獲准公佈這一發現。他撒謊的原因很簡單，梅拉特新婚不久，怕引起他妻子的誤會，於是他乾

脆說是年前發現的，那時他還沒有結婚。

　　梅拉特的發現發表在《倫敦圖片新聞》上。譴責的聲浪隨之而來。梅拉特不得不在很長時間內為自己辯白，同時也很氣自己所犯的兩個錯誤。他曾寫信給土耳其文物部門，通知文章即將發表的事，但是，信卻神祕的遺失了。

　　當配有珍寶插圖的文章發表之後，土耳其官方很生氣。他們要求知道那批寶藏的下落：在哪兒發現的？為什麼沒有告訴他們？想到國家的珍貴寶藏可能被人拐走，他們就責備梅拉特。

　　梅拉特盡其所能地幫助土耳其當局，但安娜和珍寶都不落痕跡的消失了。沒有任何證據說明梅拉特與財寶的失蹤有關聯。可是，兩年半之後，在土耳其《米利耶特報》卻登出這樣一篇文章：梅拉特所說的挖掘日期是不真實的，挖掘多拉克寶藏是50年代的事；當時，在掘寶地點附近，有人看見梅拉特和一位神祕的女子在一起。

　　後來，上述說法被證實是虛假的，警方的調查也已停止。可是土耳其政府禁止梅拉特參與任何古遺址的考古研究工作。

安娜是誰？她與梅拉特在火車上相遇純粹是巧合嗎？還是為了引起考古學家注意，有人特意安排的？

　　有的人認為，梅拉特是走私集團設下的誘餌，是他們偷走了多拉克珍寶，並準備把它們賣掉。

　　他們知道，他們手頭的贓物一旦被梅拉特這樣享有聲譽的專家證實是真品，在國際黑市上的價格就會猛漲。《倫敦圖片新聞》刊登的權威性文章為走私集團提供了可靠性證明。接下來，這批珍寶被裝運上船，悄悄地駛向世界各地的祕密買主。如果這個判斷是正確的，那麼安娜和珍寶的真相可能永遠不會被人知道。

14 黑水古城寶藏

　　黑水城是西夏重要的邊防重鎮。西夏末年有一個名叫「黑將軍」的西夏守將曾經在這裡與蒙古大軍交戰。黑將軍面對蒙古大軍的重重包圍，將八十多車白金，還有其他珍寶倒入井中，又親手殺死妻兒，以免落入敵人手中。隨後，他率領一千多名將士破牆突圍，準備拚死一搏，但終因寡不敵眾，戰敗身亡。

　　黑水城淪陷，蒙古大軍搜遍全城未見寶藏。此後，黑將軍留下寶藏的故事吸引了不少人前往尋寶，但寶藏的下落至今仍是一個謎。

　　黑水城的寶藏只是一個傳說，還是確有其事？從數次對黑水城大規模的挖掘盜寶行動看，黑水城寶藏不但真實存在，而且藏寶數量大、價值高，絕對不同於一般

的寶藏。

黑水城始建於西夏時期，商周時期這座城市就有人居住，是西夏王朝的北部重鎮，也是連接河套和中亞地區的交通要道。

黑水城雖然是防禦遼國和金國的軍事要塞，但由於採取以和為主、和中有抗的外交政策，在相當一段時間內是一個相對平靜的政治文化經濟中心。黑水城曾經出土很多瓷器，這些瓷器集中了中國五大名窯的瓷器，說明當時的黑水城是具有一定規模、而且相當繁華的多民族融合城市。

史料記載，黑水城歷經西夏、元、明等朝代，時間跨度達兩千多年。在歷史的長河中，黑水城經歷過無數的劫難。

13世紀初，黑水城持續多年的平靜生活開始受到新的威脅。北方的遊牧民族蒙古族迅速崛起，一個巨大的危險正悄悄地向黑水城逼近。

黑水城不僅面臨著敵人的威脅，還面臨各式各樣的自然災害。

史料記載：黑水城發生過多起饑荒，乾旱、蟲害、欠收的描述比比皆是。政府不得不從別的地方調來糧食，賑濟黑水城的災民。春夏之交是黑水城人民生活最

困難、防守最薄弱的時候，也是最危險的時候，如果這個時候敵人來攻打，後果將不堪設想。

12世紀末，成吉思汗先後六次攻打西夏。公元1205年，成吉思汗借口西夏收留了蒙古仇人，先在西夏缺糧的季節，首次襲擊了西夏，從此開始了長達二十年之久的對夏戰爭。

在蒙古大軍壓境的情況下，黑水城人開始了一場空前悲壯的全民備戰，他們準備與敵人殊死一戰。公元1226年，成吉思汗率領十萬大軍揮師中原，黑水城作為蒙古大軍通往中原的必經之地，不可避免地發生了一場惡戰。

蒙古大軍圍城後修改了黑河河道，黑水城內缺糧斷水，守城將領無路可走，將城內所有財寶連同妻兒一同填入枯井，然後帶著幾千名又饑又渴的將士，鑿通城牆連夜出逃。最後在距離黑水城三、四公里的一片樹林裡，黑將軍和他的幾千名將士，因為人困馬饑、寡不敵眾全部壯烈犧牲。

西夏時期具有二百年歷史的黑水城，隨著戰爭的結束消失了。關於這場戰爭，至今沒有發現任何詳細的記載。在戰爭結束以後的近六十年中，歷史幾乎是一片空白。他們後來的命運，成了一段不解之謎。八十餘車白

金，還有其他珍寶、佛塔內的佛經和重要文獻，都成了埋藏在地下的寶物，吸引無數人前來尋找這筆寶藏。

幾百年後，人們在勘探黑水城的時候，發現城牆遺址中竟然還嵌套著一個更古老的小城，原來這才是西夏時期的黑水城，而套在它外面的是元代的亦集乃城。那是元軍佔領黑水城後，對黑水城進行的擴建。

1368年，朱元璋稱帝，集中優勢兵力北討西伐。明軍同樣採用修改黑河河道、截斷黑城水源的辦法迫使亦集乃守城將軍投降。也許是為了避免元朝殘餘勢力的不斷侵擾，也許是因為其他不為人知的原因，輝煌近三百年的黑城從此沉入了歷史的硝煙。

黑水城到底發生了什麼？黑水城為什麼會突然消失？史料中找不到任何線索，卻為人們提供了想像的空間。如今已經成為一座被黃沙掩埋的古城，卻因寶藏的傳說引來無數人的關注。

戰爭使黑水城屢遭洗劫，生靈塗炭，但也正因為戰爭，黑水城才變得如此重要。西夏人圍繞著戰爭和兵器生活，在常年的征戰中他們掌握了最優秀的冶煉技術，工藝精良的兵器不僅是戰爭中的武器，還是外交上的重要禮品和方式，成為西夏王朝絢麗的珍寶之一。

宋史上記載，宋欽宗佩帶的就是被譽為「天下第一

劍」的夏國寶劍，大文豪蘇東坡也曾經得到過一把西夏寶劍，視如珍寶。

從西夏王陵出土過一把鐵劍，雖然現在銹蝕了，但從它王陵隨葬品的身分來看，當時卻是一把名貴的寶劍，堪稱無價之寶。

除了這些珍貴的兵器，黑水城中還埋藏有大量財寶和文物，俄國探險家科茲洛夫就掠走了大量黑水古城財寶，還有很多西夏時期的雕塑、壁畫、唐卡、繪畫等珍貴文物。

在這些文物中，一尊彩塑雙頭佛是佛教界絕無僅有的稀世珍品。雙頭佛像在印度的佛經中有記載，故事說有兩個窮人都想請一個畫家來畫一個佛像，但都沒有錢，結果這個畫家就畫了一張雙頭的佛像。雙頭佛像的泥塑作品，人們所知的只有黑水城出土的這一件，所以異常珍貴。

佛教是西夏的國教，所以在黑水城中，保存了大量的佛學經典，是研究佛學文化的無價之寶。珍貴的兵器，八十餘車的白金、無數的珍寶和歷史文獻、佛學經典，黑水城正是用這些價值連城的寶藏，吸引著無數的探險者前往尋寶，也給黑水的歷史文化帶來了巨大的災難。

　　從19世紀末開始，貪婪的不速之客蜂擁而至，俄國探險家科茲洛夫就是其中之一。

　　科茲洛夫在尋找黑水城遺址時，曾被當地牧民一次次拒絕。土爾扈特人像對待以往來這兒的其他外國人一樣，否認了黑水城的傳說，沒人願意給科茲洛夫帶路。有備而來的科茲洛夫不甘罷休，他找到了當地的蒙古王爺達西。

　　起初王爺否認黑水城的傳說，但科茲洛夫帶著準備好的禮物和俄國駐北京使團轉，請清政府加封達西的信件時，達西王爺動心了，不僅為科茲洛夫提供了前往黑水城的路線，甚至還給他配備了嚮導。對此科茲洛夫在日記中有過這樣的記述：「對腐敗愚昧的清朝政府和其走卒僕從來說，只要能發財陞官，又何惜這陳年的古董廢物。」

　　1908年的初春，科茲洛夫終於如願以償地走進了夢幻般的黑水城。據科茲洛夫本人記載，他第一次步入黑水城，在城內的街區、寺廟遺址上很輕易就挖出了十多箱包括絹質佛畫、錢幣、婦女用品等文物。

　　科茲洛夫在書中寫道：「我永遠不會忘記那一刻欣喜若狂的心情」，他的狂喜帶給我們的是永遠無法癒合的傷痛。

　　科茲洛夫為了炫耀他到中國「盜寶」的功績，自己寫了名為《蒙古、安多和故城哈拉浩特》一書，這是一本盜竊中國西夏文物的自供狀，他在書中寫道：

　　「他贈送給探險隊一大批收藏品，整整一個圖書館的書、紙卷、手稿，還有大量畫在亞麻布，細繪料和紙上的佛像，體驗不同文明程度的金屬鑄像和木雕泥塑、畫板、塔的模型和很多其他的東西。」

　　在數量上，科茲洛夫收集的考古資料裝了十個普特重的郵箱，一普特相當16公斤，科茲洛夫第一次就盜走160公斤重的西夏文物。

　　部分文物被科茲洛夫郵往俄羅斯聖彼得堡後，文物中那些沒有人認識的文字和造型獨特的佛像使俄羅斯地理學會當即做出決定：科茲洛夫探險隊放棄原計劃深入四川考察的行動，立即返回黑水城，不惜一切代價，集中人力、物力對黑水城展開更大規模的挖掘。

　　1909年6月，僅隔九天，科茲洛夫再次來到黑水城，在黑水城展開了另一次大規模挖掘。

　　由於在城區內收穫不大，科茲洛夫便將目光投向了城外。他的第一個獵取目標是一座距古城西牆約400米、位於干河床右岸的大佛塔。當這座佛塔被打開後，科茲洛夫簡直不敢相信自己的眼睛，因為展現在他面前的是

一座無法用金銀財寶去衡量的歷史博物館。

這座塔被科茲洛夫稱之為「偉大的塔」，佛塔內豐富的文物，為揭開西夏的歷史之謎提供了詳實的文獻史料，從而產生了一門新的國際學科──西夏學。

嘗到甜頭的科茲洛夫自從發現了「偉大的塔」後，挖掘行為變得更加野蠻，幾乎是見塔就挖。熱衷於考古的科茲洛夫清楚這樣做的後果，是膨脹的慾望吞噬了理智和良知。有關資料顯示，科茲洛夫挖掉了三十多座塔，他把黑水城周圍70%～80%的塔幾乎全部毀掉。

瘋狂的挖掘給黑水城考古帶來了難以彌補的損失，讓眾多歷史之謎永遠都無法破解。經過九天的掠奪式挖掘，科茲洛夫帶著比第一次挖掘更為豐厚的財寶、文物、文獻悄悄地離開了黑水城。

據記載，在1909年那次挖掘中，科茲洛夫還在那座被他稱為「偉大的塔」的塔內發現了一副坐姿骨架，並把它運送回俄羅斯。俄方漢學家孟列夫鑑定該骨架為女性，並認為「此人是西夏王朝第五代帝王李仁孝的皇后羅氏，她極有可能是敗北於宮廷鬥爭，被發配到黑水城，死後葬在了那座塔裡」。

可惜的是，這個當年保存於前蘇聯國家科學院內的骨骸，在第二次世界大戰列寧格勒保衛戰中神祕的遺失

了，給西夏學研究留下了永遠的遺憾。

據說科茲洛夫當年除了把能運走的都運走外，一些大件不便運走的就近埋在了古城的周圍。其中有超過1米以上的金佛像、銅牛等。但科茲洛夫究竟把帶不走的文物埋在什麼位置，埋了多少至今還是個謎，這也是新的「探險」者紛至踏來的誘惑所在。

回國後，科茲洛夫在聖彼得堡展出了黑水城文物文獻，立刻引起了極大的轟動，使得更多的探險隊相中了黑水城這塊寶地。公元1915年，英國斯坦因以所謂的「探險隊」名義竄到黑水城，他們為尋黑將軍的寶藏，到處亂挖，始終沒有找到那口枯井，卻挖出了大量的西夏和元代文書以及其他文物。

哈佛大學福格藝術博物館的蘭登・華爾納也於1923年冬天沿著科茲洛夫當年走過的路趕到黑水城。但他的運氣遠不及科茲洛夫，古城內外幾乎處處都能看到被科茲洛夫挖掘過的痕跡。憤怒的華爾納大罵科茲洛夫和臭名昭著斯坦因是「兩頭野豬」，把這裡啃得一乾二淨。繼華爾納之後，日本人也介入對黑水城的文物掠奪，情況如何他們祕而不宣。

1929年，科茲洛夫第三次來到黑水城，尋找黑將軍埋藏在城內的珍寶。他僱用當地牧民挖掘了兩個月，挖

到一定深度，便解雇了牧民，由他的隊員挖掘。兩名隊員跳入坑裡後，鼻子流血，昏迷不醒，其中一名死亡。挖掘被迫停止，洞穴被重新填埋。

迷信的說法是，有寶便有蛇，蛇是珠寶的守護神。科茲洛夫便散佈說：「洞內有兩條大蛇守護，凡人不得入內。」即使這樣，也沒能抵擋住世人對黑水城寶藏的渴望，仍有大批的探險隊進入黑水城尋找寶藏，挖出了大量的西夏和元代文書以及其他文物，但傳說中的八十車白金及其他財寶卻遲遲沒有下落。

黑水城的白金和財寶究竟埋藏在什麼地方？黑水城還隱含著多少不為人知的祕密？這些都已經成為難解之謎，隨著古城一同埋藏在黃沙之下。

15 不知名古城寶藏

1722年，荷蘭的一個艦隊司令魯格文率領三艘軍艦在南太平洋航行，突然前方發現了一個亮點。

他想：「難道這是一座島嶼？但是航海圖上並不存在這個標誌！」

當船逐漸靠近小島的時候，島的四周似乎站滿了黑壓壓的一片，巋然不動，嚇得他們膽戰心驚。和它們高大魁偉的身形相比，自己簡直是個可憐的侏儒。

島上到底站著什麼東西？是妖魔鬼怪還是動物？為什麼會讓船上的人如此害怕？

船上的人們的種種恐懼猜測都是錯誤的，其實島上站著的是一群不會動，也不會咬人的巨石雕像。這些石像的造型非常奇特，高鼻子，薄嘴唇，表情既像是表示

輕蔑，又像是表示嘲笑，沒有眼珠，只是在斜面的前額下凹陷著兩個輪廓分明的眼窩，眉骨寬大，耳廓偏長，雙手按著肚皮，神情嚴肅，似乎在仰天長歎，又像在對海沉思。它們肩並肩站在一起，氣勢磅礡，雄偉壯麗。

石像大小不一，最高的22米，相當於五層樓房的高度，最重的達400噸以上，最輕的也有幾噸，平均重量60噸左右，總計有1000多尊。

這是一個遠離大陸的孤獨小島。司令魯格文發現這些雕像的那天是復活節，所以，艦隊司令魯格文把這個小島命名為復活節島。

這個貧瘠的小島上佈滿火山，呈三角形，頂點正好是死火山的噴口，中部則是風沙橫行的荒漠。土層淺，含硫量高，農作物難以生長。島上沒有樹木，只有雜草，沒有河流，只有水塘，除了老鼠，沒有任何野生動物。島上居民靠打魚、捕鳥，用一種木釺打洞，栽種紅薯、甘蔗作為食物來源。島上最多只能維持二千人生存，他們怎麼能雕鑿出一千多尊平均重達60噸的石像呢？又怎樣把這些石像從幾公里、十幾公里外的採石場送到陡峭的海岸呢？

1956年，挪威人類學家海爾達爾用牽引法進行試驗。他組織一百八十個當地居民，用一個月的時間，將

一座12噸的石像，拖到海邊。但是，他是在沒有岩石的沙地上進行牽引的，而島上的大多數地方都是熔岩橫臥的亂石崗。

另一名學者威廉‧馬洛伊用三角吊架法進行了試驗。他從比利時運來木材，對一尊高3米，重6噸的小石像進行試驗，剛一起吊，吊架就斷了。就是吊架不斷，古人也不是採用這種辦法運來雕像的。因為島上的土壤層最厚不超過5公分，樹根只好橫向延伸，根本長不出可作支架的大樹。

法國醫生讓‧米歇爾‧施瓦茲研究了島上的表意義字，證實了島上居民的傳說，石像是靠「對應力」一左一右，半圈半圈的用力使它改變重心，當石像傾斜，重心移到一側的最小接觸點時，另一側就可以輕而易舉地移動，他還作了計算，三百二十人產生的有效拉力，就可以拉動一尊8噸重的石像。

但是，在哪裡能找到能承受三百二十人拉力的繩子？在這塊貧瘠的土地上，居民食不果腹，哪有精力種植可以制繩的作物，而且要應付長年累月、永無休止的對纖維的消耗？而且山路崎嶇，事先還得平整道路，即使不需要道路，那採石場的出口處，經過長年累月的拖拉，也會自然拖出一條道路來。但是，考古學家沒有找

到這種類似的道路痕跡。

1989年9月，法國考古學家讓‧皮爾‧摩安用圓木滾動法進行了試驗，他將常青籐放在水中浸泡，取得纖維製成繩子，他認為：幾個世紀以前，島上還長著常青籐和可做圓木的大樹。

幾尊危崖石像否定了這些假說。

在離復活節島500米的海面上，聳立著三個小島：莫托伊基、莫托努伊、莫托考考，高達300米，危崖絕壁，連小船都無處靠岸。現在誰也無法攀上這些石崖，但是島民們都還記得，原先有幾尊巨大石像聳立在危崖的頂端。

法國考古學家馬奇埃爾證實：這些石像已經掉進海裡，眼睛上長滿藻類，只有石基還穩穩地坐落在這高高的危崖巔頂上。除了現代化直升直降的飛行器，還有誰能把這些石基、石像，運到那孤島危崖之上呢？

當地居民說是「馬納」（至高無上的權力）搬運的，只有兩個人具有「馬納」。當石像雕好後，國王就賜予它「行走」的「馬納」，最後一位國王去世的時候，「馬納」也被他帶走了。

後人當然不會相信這種「馬納」說法。因為，當地的居民即使是土著人，也不是石像雕塑者的後裔。島上

最早的居民，據說是波利尼西亞的大酋長赫圖‧馬圖阿，因為他的國土逐漸淪陷，於是在12世紀末，他率領著家眷和部屬，找到了這塊棲身的地方。

他們來到這裡的時候，石像已經存在了，據放射性碳測定，島上人類最早的遺蹟是公元690年，實際上可能還會更早。

小島上的生活似乎是在一個後人無法確定的時刻突然結束的。採石場裡三百多尊石像，有的尚未完工，有的等待啟運。石場裡還扔著各式各樣的採石工具，似乎昨天還在這裡工作，但是他們為什麼突然停止了呢？是戰爭？卻沒有戰爭的痕跡。是災害？還是疾病？但災害和疾病都是漸進的。

或許，他們是在一個威嚴的命令之下，一天之內棄捨了這個貧瘠的荒島。但是，他們不僅僅是沒有可供遠洋航行的船筏，連製作這些船筏的材料都沒有，他們又到哪裡去了呢？

島上還發現了一批「木板」，木板上鐫刻著人、獸、魚、鳥象形文字，島民們稱它為「會說話的木片」。可惜的是，這些木板，除了被島民隱藏下來的二十多片外，大多數被傳教士焚燬了，而認識這些象形文字的學者也在

1941年就去世了，解開千古之謎的最後線索也就此斷絕了。究竟石像的雕制者是誰？至今仍沒有人解開這個謎。

16 史前的古地圖

在土耳其伊斯坦布爾的塞拉伊圖書館裡，人們發現了一張用羊皮紙繪製的航海用的地圖。地圖上有土耳其海軍上將皮里‧賴斯的簽名，日期是公元1513年。

賴斯本是希臘人，1554年在開羅被殺。他是著名海盜馬爾‧賴斯的侄兒，一生都在大海上鏖戰。像他這樣的人，擁有一張航海地圖，本來不算是稀罕的事。但是，賴斯的這張地圖卻是一張稀世罕見的古地圖，它不是賴斯本人或他同時代的人繪製的。

這張地圖是一張複製品，它的原版是在極其遙遠的古代繪製的。在這張地圖上準確地標畫著大西洋兩岸大陸的輪廓，北美洲和南美洲的地理位置也準確無誤，尤

其是南美洲的亞馬遜河流域、委內瑞拉灣和合恩角等地都標畫得十分精確。更令人驚奇的是，這張地圖上清楚地標畫出整個南極洲的輪廓。

大家知道，目前人們普遍認為，南極大陸是在1818年才發現的。然而，賴斯地圖上的南極洲大陸不僅跟現代地圖相符，而且還畫出了現在已被冰層覆蓋的南極大陸兩側的海岸線，其中尤以魁莫朗德地區最清楚。

南極的這個地區被冰層覆蓋已經有一萬五千年了，這就是說，賴斯地圖上的南極洲是根據一萬五千年前的地理狀態繪製的。

需要說明的是，賴斯地圖並不是唯一的一張罕見的古圖。1339年，杜爾塞特有一張航海圖十分精確地標畫著地中海和整個歐洲的位置。根據許多事實判斷，這張地圖也是複製品，就是說，它原版的繪製年代要比這早得多。從地圖本身來看，繪製者所掌握的地理等方面的知識遠比14～15世紀甚至16世紀的人要全面得多。

在希臘一些普托利邁斯年代的地圖上，人們可以看到現今的一些地區還被冰川覆蓋著，而另一些地區卻沒有被冰川全部覆蓋。這一切都表明，這些地圖是在很遠的古代繪製的，因為瑞典為冰川覆蓋的年代至今已經很遠了，而在普托利邁斯朝代，這些冰川早已消失。

　　1531年，奧隆丘斯‧弗納尤斯有一張地圖，上面標畫南極洲的大小與現代人繪製的地圖相比，幾乎完全一致。所不同的是，這張地圖只標出南極的西部被冰層覆蓋著，冰層尚未覆蓋住整個南極大陸。

　　根據地球物理科學的研究成果，大約在六千年前，南極大陸上的某些地區氣候還比較溫和，特別是羅斯海地區。這個事實表明上述地圖是根據六千年前南極的地形繪製的。

　　1559年，另一張土耳其地圖也精確地標畫著南極洲大陸和北美洲的太平洋海岸線。更加令人驚訝的是，這張地圖還標畫著一條較窄的地帶，像橋梁一樣把西伯利亞和阿拉斯加連接在一起。但是連接西伯利亞和阿拉斯加的這塊地區的消失至少已有三萬年了。而這張地圖的繪製者對此卻瞭解得如此清楚，竟把它繪製在自己的地圖上。

　　遠古人繪製的地圖，怎麼可能準確地標畫出大西洋兩岸大陸的輪廓，連北美洲和南美洲的地理位置也準確無誤，尤其是南美洲的亞馬孫河流域、委內瑞拉灣和合恩角等地都標畫得十分精確。

　　1818年人們才發現南極大陸，為什麼在六千年前的地

圖上就清楚地標畫出整個南極洲的輪廓呢？

　　土耳其遠古地圖不但精確地標畫著南極洲大陸和北美洲的太平洋岸線，在這張地圖還標畫著一條較窄的地帶，居然把西伯利亞和阿拉斯加連接在一起。但是連接西伯利亞和阿拉斯加的這塊地區的消失至少已有三萬年了。而這張地圖的繪製者對此卻瞭解得如此清楚，竟把它繪製在自己的地圖上。

　　這三張神祕的遠古地圖的繪製者是誰？他們怎麼可能對三萬年後的地貌變化瞭解得如此清楚？

17 埃布拉古國寶藏

1955年，敘利亞的一個農民在荒丘上偶然挖掘出一個用灰色玄武岩雕刻而成的獅子和一個三面雕刻有武士圖案的水槽，引起專家學者們的重視。

1964年，義大利考古學家保羅・馬蒂埃率領羅馬大學考古隊來到敘利亞，追尋距今四千多年前的青銅時代城址，馬蒂埃把考古地點定在沙漠中的特爾・馬爾狄赫荒丘上，在這裡進行多年大規模調查和挖掘，結果他們幸運地找到了一座不為人知的王國都城埃布拉。

特爾・馬爾狄赫上崗遺址地層疊壓關係向世人提供了一幅完整的西亞歷史畫卷。從考古挖掘出土的資料來看，大約在公元前4000年這裡已有原始先民定居，到公元前2900年左右，埃布拉是西亞比較強盛的國家之一。

　　這個國家是以埃布拉都城為中心聯合附近一些村莊和城鎮而形成的，所以有些學者稱之為「城邦國家」。據估計，當時埃布拉都城裡聚居著約三萬居民，整個埃布拉王國鼎盛時期的人口有二、三十萬人，是古代西亞城邦國家中人口較多的國家之一。

　　埃布拉城平面大致呈菱形，最寬處約1000米，有四個門，遺址總面積56萬平方米，城址中央最近似圓形的衛城，直徑約170米。

　　1973年，在衛城中發現公元前3000年前的王宮，宮牆高達15米，宮殿鱗次櫛比，結構複雜多變，階梯走廊曲折相通，是王宮成員的居住區。在城牆和衛城之間是普通居民的生活區。

　　1957年，又在衛城中發現了王室檔案庫，裡面出土了大量完整的文書，主持挖掘工作的保羅・馬蒂埃博士驚歎道：「我的第一印象是，我好像看到一個泥板文書的海洋！」

　　埃布拉古國自公元前2900年開始到公元前1600年結束，延續一千三百年之久。刀光劍影，血雨腥風，終於將這個盛極一時的王國埋葬，被湮沒數千年。

　　1968年，馬蒂埃博士在衛城中挖掘出一件玄武岩的無頭男子雕像，雕像的袍子上刻著二十六段楔形文字銘

文，其中寫道：「因為埃布拉之王和伊斯塔爾女神的緣故，將水槽奉獻給大神廟。」

1975年，他在衛城之中又發現一座王室檔案庫，出土了約一萬五千件黏土板文書，文書中不止一次出現「埃布拉」一詞，其中有一段文書寫道：「人類創始以來，眾王之中沒有人奪取過阿爾馬納和埃布拉，納加爾神為堅強的那拉姆‧辛拓寬道路，賜予阿爾馬納和埃布拉，又賜予阿那拉姆、杉樹之山和大海。」

那拉姆‧辛是阿卡德帝國君主薩爾貢一世的孫子，大海指的就是地中海。據此，考古學家們欣喜地意識到，他們的辛勞得到了報答——他們幸運的發現了消逝數千年之久的文明古國埃布拉。

埃布拉古國未被發現之前，幾乎沒有人知道它。

有關這個王國各方面的情況，幾乎都來源於埃布拉文書的記載。一萬五千件黏土板文書大多接近正方形，邊長約20公分，出土以後引起世界各國學者的廣泛興趣。研究結果表明，這些泥板文書成文的時間大約是在公元前3000年至公元前2500年之間，鐫刻其上的楔形文字80%是蘇美爾語，20%是「埃布拉語」。

據此，專家推測，當時的埃布拉王國可能是以蘇美爾語作為官方語言，而民間語言仍屬西亞塞姆語系的閃

語，埃布拉國最古老的居民很可能就是塞姆語族的一部分。但「埃布拉語」作為塞姆語的一種，究竟與塞姆語系的阿卡德語、阿摩利語、希伯來語有什麼聯繫，這還是一個待解之謎。

儘管還有相當數量的「埃布拉文書」沒有破譯，但是，根據已經破譯的大量文書記載，學者們已經可以想像出這個神祕國度的概況。

埃布拉古國是一個高度發展的奴隸制國家，王室、神廟僧侶和世俗貴族都佔有大量的私有土地，以地域關係為紐帶結合起來的農村公社僅佔有少量土地。

埃布拉古國晚期，貧富分化懸殊，社會矛盾激化。埃布拉古國長年實行募兵制，擁有一支兵種齊全、裝備精良、訓練有素、戰鬥力強的常備軍。國王憑借軍事力量，對內加強統治，對外頻繁發動侵略戰爭。

有一塊泥板文書中列舉了二百六十座古代城市，這些城市的名字歷史學家們聞所未聞。有些學者推測，這二百六十座城市很可能都曾被埃布拉王國軍隊征服過，隨著軍事侵略的勝利和王國版圖的擴大，大量奴隸和財富流入埃布拉國內，埃布拉奴隸制經濟空前繁榮。

一些泥板文書中寫有很多指令、稅款和紡織品貿易的帳目以及買賣契約，還有一塊泥板上寫有七十多種動

物的名稱，這證明埃布拉王國的工商業也相當發達。

　　就在埃布拉王國稱雄一時的時候，兩河流域另一個奴隸制城邦阿卡德王國強大起來。阿卡德國王薩爾貢一世先後三十四次出征，統一了蘇美爾和阿卡德，建立起統一的阿卡德王國。兵鋒遠達埃蘭、兩河流域北部以及地中海東岸一帶。

　　薩爾貢一世的孫子那拉姆・辛統治時期，橫徵暴斂，濫殺無辜，他率領軍隊親征埃布拉王國，並將埃布拉都城焚燬殆盡。但是王室檔案庫中的大量黏土板文書卻完整地保存下來，成為人們研究西亞歷史的珍貴文獻資料。

　　阿卡德王國的軍隊撤退後，埃布拉人在廢墟上重建家園，修築了宏偉壯觀的大神廟等重要建築，古都又恢復了昔日的繁華和喧鬧。但好景不長，大約在公元前2000年，遊牧民族阿摩利人再一次入侵了這裡，再次將這座城市洗劫一空，臨走時又放了一把大火將其焚燬，此後，阿摩利人長驅直入，到達巴比倫尼亞，建立了古巴比倫王國。

　　埃布拉古國由於屢遭浩劫逐漸衰落，公元前1600年，最後一場大火將埃布拉都城徹底毀滅，埃布拉居民也突然消失得無影無蹤。

　　「埃布拉語」作為塞姆語的一種，究竟與塞姆語系的阿卡德語、阿摩利語、希伯來語有什麼聯繫？

　　埃布拉古國的人為什麼把重要的文獻記載刻在黏土板上製成泥土文書，難道他們預感到埃布拉都將來會遭遇火災，只有製成泥土文書，才能把這段歷史保存下來，留給後人研究西亞歷史？

　　埃布拉都這場毀滅性的災難究竟是由於統治者內部紛爭造成的，還是由於來自北方民族的侵略？

姓名		性別	□男 □女
生日	年　　　　月　　　　日	年齡	
住宅地址	郵遞區號□□□		

行動電話		E-mail	

學歷

□國小　　□國中　　□高中、高職　　□專科、大學以上　　□其他_____

職業

□學生　　□軍　　□公　　□教　　□工　　□商　　□金融業
□資訊業　□服務業　□傳播業　□出版業　□自由業　□其他_____

謝謝您購買 ＿＿＿那些被神遺忘的古墓寶藏＿＿＿ 與我們一起分享讀完本書後的心得。務必留下您的基本資料及電子信箱，使用我們準備的免郵回函寄回，我們每月將抽出一百名回函讀者，寄出精美禮物以及享有生日當月購書優惠！想知道更多更即時的消息，歡迎加入"永續圖書粉絲團"

您也可以使用以下傳真電話或是掃描圖檔寄回本公司電子信箱，謝謝！

傳真電話：（02）8647-3660　　電子信箱：yungjiuh@ms45.hinet.net

●請針對下列各項目為本書打分數，由高至低5～1分。

　　　　　　　5 4 3 2 1　　　　　　　　　　　　　5 4 3 2 1
1. 內容題材　□□□□□　　2. 編排設計　□□□□□
3. 封面設計　□□□□□　　4. 文字品質　□□□□□
5. 圖片品質　□□□□□　　6. 裝訂印刷　□□□□□

●您購買此書的地點及店名＿＿＿＿＿＿＿＿＿＿＿＿＿＿＿＿＿＿＿＿＿＿

●您為何會購買本書？

□被文案吸引　　□喜歡封面設計　　□親友推薦　　□喜歡作者
□網站介紹　　　□其他＿＿＿＿＿＿＿＿＿＿＿＿＿＿＿＿＿＿＿＿＿＿

●您認為什麼因素會影響您購買書籍的慾望？

□價格，並且合理定價是＿＿＿＿＿＿＿＿　□內容文字有足夠吸引力
□作者的知名度　　□是否為暢銷書籍　　□封面設計、插、漫畫

●請寫下您對編輯部的期望及建議：

讀者專用回函

那些被神遺忘的古墓寶藏

培養文化育智心靈的好選擇